XAVIER DE MONTÉPIN

LES

CONFESSIONS

DE

TULLIA

ROMAN INÉDIT

PORTRAIT PAR NARGEOT, D'APRÈS BELIN

PARIS
LIBRAIRIE SARTORIUS
27, RUE DE SEINE, 27

1875

LES

CONFESSIONS DE TULLIA

URSULE PIEDEFER

XAVIER DE MONTÉPIN

LES

CONFESSIONS DE TULLIA

PARIS
LIBRAIRIE SARTORIUS
27, RUE DE SEINE, 27

1873

Tous droits réservés.

LES
CONFESSIONS DE TULLIA

PAR

XAVIER DE MONTÉPIN

PRÉSENTATION DE TULLIA

Comédienne ! — je l'étais hier, et célèbre, et fêtée ! — Je pourrais l'être encore demain... — Je ne le veux pas... — J'abdique.

— Trop tôt ! — dira-t-on sans doute.

Eh bien, soit ! — Il vaut mieux, cent fois, s'éclipser *trop tôt*, volontairement, que de disparaître *trop tard* et de se survivre à soi-même.

Aucune des joies de ce monde ne m'a fait défaut dans ma carrière si bien remplie.

J'ai connu les plaisirs du luxe, les orgueils de la

beauté triomphante, les fièvres de l'amour heureux, les enivrements du succès. — J'ai été l'une des reines incontestées du théâtre moderne. — Les plus célèbres auteurs traitaient avec moi de puissance à puissance, — je voyais les directeurs à mes pieds, — mon nom, sur l'affiche, faisait recette !!

J'abandonne tout cela, — sinon sans regretter, du moins sans hésiter ; — il le faut ! — Mon miroir me dit bien que je suis toujours belle et que je parais toujours jeune, mais mon miroir est un flatteur, un menteur peut-être, et mon acte de naissance, implacable dans sa cruauté froide, m'avertit que j'ai cinquante ans ! — Je ne veux pas déchoir et je quitte la scène où je laisserai derrière moi, ainsi qu'un astre évanoui, une grande trace lumineuse.

Et, comme transition entre le passé bruyant et brillant que j'abandonne, et l'avenir silencieux et plein de teintes grises que j'accepte, je vais jeter sur ces pages rapides les souvenirs de mes premiers pas dans la vie de bohême et dans la vie de théâtre ; — je vais parcourir de nouveau les sentiers étroits et bigarrés, semés de cailloux, bordés de ronces, qui devaient me conduire à la fortune et à la célébrité...

Rousseau, jadis, écrivait ses *Confessions*. — Pourquoi n'écrirais-je pas les miennes ? — Le philosophe de Genève fut un grand écrivain, mais je fus une grande comédienne, et si ma plume ne vaut pas la sienne, — ce que je reconnais humblement, — j'ai sur lui l'immense avantage d'avoir fait beaucoup d'heureux.

Assez d'avant-propos comme cela. — Les trois coups sont frappés. — Au rideau ! — Je commence...

Jacques le fataliste doit avoir raison. — Il me paraît tout à fait vraisemblable, et même absolument certain que ma destinée, — écrite dès avant ma naissance sur le livre spécial dont le rédacteur ne se trompe jamais, — voulait que je fusse comédienne un jour.

Je suis ce qu'on appelle une *enfant de la balle*. — C'est sur un théâtre, — dans des coulisses, — entre deux *portants*, — derrière un *manteau d'Arlequin*, que je suis venue au monde...

Ceci demande une explication que je vais donner brièvement.

Ma mère cumulait trois professions d'un ordre bizarre, et qui, semblant incompatibles les unes avec les autres au premier abord, s'allient cependant le mieux du monde, grâce à beaucoup d'habileté et de savoir-faire.

Ma mère était portière, — ou plutôt femme légitime d'un portier de la rue de Bondy...

Elle était marchande à la toilette.

Elle était habilleuse au théâtre de Belleville.

La première de ces professions pouvait à bon droit passer pour une sinécure. — A neuf heures du matin, après avoir absorbé le contenu d'une jatte immense remplie d'un mortier composé de café au lait et de pain, ma mère quittait la loge pour y rentrer, pendant une demi-heure tout au plus, à quatre heures et demie, y dîner rapidement et courir à son théâtre d'où elle ne sortait qu'à minuit passé.

Mon père, — c'est-à-dire celui que la loi du mariage désignait comme tel, — gardait la loge, tirait le cordon et préparait le repas, tout en s'occupant avec zèle et activité des détails de son état de tailleur, — *faisant le neuf et le vieux.*

Mes lecteurs ne tarderont pas à comprendre pourquoi j'ai l'air de regarder comme un peu plus que douteuse la paternité de ce brave homme.

De neuf heures du matin à quatre heures et demie, ma mère courait Paris, — chargée et surchargée de cartons contenant des dentelles d'occasion, vraies et fausses, — plus souvent fausses que vraies; — des cachemires de hasard, indiens et français, — rarement indiens; — des colifichets d'un goût suspect, des bijoux d'un or douteux, — d'importantes liasses de reconnaissances du Mont-de-Piété, et bien d'autres choses dont l'énumération serait trop longue.

Sa clientèle se composait de femmes entretenues, — mal entretenues, — et d'actrices du dix-septième ordre.

Et avec ces dames, — le croirait-on ? — elle trouvait moyen de gagner beaucoup d'argent, au moyen d'un petit système qu'elle n'avait peut-être pas inventé, mais qu'elle mettait en œuvre avec une supériorité tout à fait incontestable...

Voici quelle était sa manière de procéder :

Volontiers, — et sans informations préalables, — elle accordait à toutes ses clientes un assez large crédit

— elle exigeait seulement, — et ceci était une condition *sine qua non* de toute affaire à conclure, — que la moitié du prix d'acquisition fût payée comptant.

Pour le reste, elle se contentait de petits billets dont l'échéance n'excédait jamais trois ou quatre mois.

Or, comme ma mère avait la louable habitude de vendre dix francs ce qui en valait tout au plus quatre, vous comprenez à merveille qu'il était difficile qu'elle se trouvât constituée en perte, — même en mettant les choses au pis, c'est-à-dire en supposant que les billets restassent impayés, ce qui arrivait rarement car ma mère, en face d'un protêt que se laissait faire une de ses clientes, entrait dans une fureur de tigresse à laquelle on arrache ses petits, et faisait de si rudes scènes à la malheureuse débitrice que le payement intégral ne se laissait guère attendre.

A partir de cinq heures et demie, ma mère appartenait corps et âme au théâtre de Belleville.

Elle attachait une énorme importance à sa position d'habilleuse qu'elle remplissait avec un zèle digne des plus grands éloges, et qui lui valait, de temps à autre, ceux de l'administration.

Voici d'où venait ce zèle.

Le théâtre de Belleville, comme tous ceux de la banlieue, est une sorte de conservatoire pratique où viennent essayer leur force et faire leurs premiers pas sur les planches une foule de jeunes filles, — dont quelques-unes sont charmantes.

Or, ces jeunes et fraîches débutantes, lorsqu'elles

avaient quitté pour un théâtre plus relevé la scène infime de leurs premiers succès, étaient de droit les meilleures clientes de ma mère et lui procuraient une foule d'excellentes connaissances.

Mais ce n'est pas tout, — je le dis bien bas, — l'arc avait une corde de plus...

La mieux cachée...

La corde d'or...

Par la raison toute simple que l'on voyait de jolies filles au théâtre de Belleville, — on rencontrait à l'orchestre une certaine quantité de lions et de lionceaux (on dirait aujourd'hui *cocodès* et *petits crevés*), de tout âge et de toute encolure, fourvoyés dans ces parages où ils venaient chercher fortune. — On devine le reste.

Bref, ma mère s'enrichissait . — Et ne vous la représentez point, je vous prie, ami lecteur, comme une vieille et horrible sorcière, pareille à toutes les habilleuses et à toutes les marchandes à la toilette que vous connaissez, — ridée, — barbue, — le nez bulbeux, — l'œil louche et faux, — la mine patibulaire.

Ce portrait, je vous l'affirme, ne serait en aucune façon ressemblant.

Ma mère était presque jeune encore, et véritablement jolie. — C'est tout au plus si elle atteignait sa trente-quatrième année. — Elle offrait aux regards une grande fraîcheur, une bouche attrayante et des yeux magnifiques. — Elle s'habillait avec une simplicité de bon goût, souriait sans cesse et n'avait pas d'enfants...

— Et moi? direz-vous.

Moi, je n'étais pas encore au monde, mais j'allais y venir.

Ceci m'amène, — par une transition que ma vanité d'auteur me fait trouver des plus heureuses, — à parler de ma naissance.

Fille d'un portier et d'une habilleuse, moi, Tullia !!

Allons donc ! — Si j'osais le dire, on ne me croirait pas ! — Si je le croyais, je mourrais de honte, et j'aurais assurément bien raison.

J'ai dans les veines du sang de vieille race, — du sang illustre, — plus que princier, — un sang auprès duquel celui des plus antiques maisons est bien pâle !

Mon sang, à moi, c'est le sang de la Rome des Césars ! — c'est le sang de Catilina !

C'est invraisemblable, — j'en conviens, — et cependant c'est vrai. — Je vais dire comment... — Je ferai mieux que de le dire, je vais le prouver.

Au sixième étage de la maison vaste et profonde dont le mari de ma mère était portier, — c'est-à dire sous les toits, — se trouvait une mansarde, si basse, si sombre, si mal située, qu'aucun des locataires des étages inférieurs n'en voulait pour loger un de ses domestiques.

Un jeune homme se présenta et demanda à voir cette mansarde. — La modicité du prix, — dit-il, — devait être pour lui une considération déterminante.

Sous ce rapport il ne pouvait qu'être satisfait. — On lui fit cet horrible trou quatre-vingts francs par an.

Il se décida aussitôt. — Il donna cent sous de

denier à Dieu au mari de ma mère, stupéfait de cette largesse inattendue. — Il envoya quelques meubles, pauvres mais propres, et il s'installa.

Ce jeune homme, beau et triste comme la statue du désespoir résigné, était réfugié romain, — Il était prince, — ami de Silvio Pellico, — et descendait en ligne directe, quoique de la main gauche, de celui contre lequel cet affreux avocat bavard, qui s'appelait Cicéron, fit ses *Catilinaires*.

Il avait nom Claudius.

Ma mère ne s'occupait point de ce qui se passait dans la maison; — elle affichait à l'endroit de son mari un dédain singulier, et d'ailleurs, quand elle rentrait à minuit et demi pour se coucher, il dormait profondément, ce qui rendait assez difficile de le questionner.

Restait, à la vérité, l'heure des repas, mais ma mère, toujours pressée, mangeait à la hâte et ne parlait guère.

Un jour, — au moment du dîner, — elle rencontra l'Italien sous la porte cochère.

Claudius ne la connaissait point et la salua en passant.

Elle entra dans la loge et demanda :

— Quel est donc ce jeune homme qui sort d'ici et qui a la mine d'un prince ?

— Un jeune homme habillé de noir ?

— Oui.

Le mari de ma mère enfila une aiguille, haussa les épaules et répondit :

— Ce n'est rien du tout.

— Comment, rien?

— Eh! non... — C'est le locataire de la mansarde de quatre-vingts francs... — Pourtant, je dois convenir qu'il m'a donné cent sous de *dernier adieu*.

— Ah!

— Le commissaire de police m'a fait demander à son sujet...

— Le commissaire de police! — répéta ma mère avec un commencement d'épouvante. — Mais, dans ce cas, c'est donc un voleur?

— Pas du tout... — C'est un Italien... un personnage dangereux pour la politique, à ce qu'il paraît... — On appelle ça un *charbonneri*... C'est comme qui dirait, à Paris, un républicain...

— Ah! bah!

— Mon Dieu oui... Il paraît qu'il était riche dans son pays et qu'il jouissait d'une position *conséquente*, mais il a dû se sauver, *rapport* ou gouvernement qu'il voulait détruire et qui lui aurait fait couper le cou pour lui apprendre à vivre... — Il n'a pas le sou et il vit des leçons qu'il donne pour apprendre aux moutards à parler italien... — Ça ne boit que de l'eau... — Ça aura bien du mal à payer ses vingt francs de terme! — Le commissaire voulait savoir s'il recevait souvent ses amis et s'il lui venait beaucoup de lettres. — Je lui ai répondu : — *Pas une lettre, mon magistrat, et pas un chat! Le jeune homme est tranquille et rangé...* — Ça l'a rassuré, et il m'a dit que je pouvais retourner à mes affaires, si j'en avais, — et je me suis dépêché de filer, vu que la loge était seule... Voilà ce que c'est que le jeune homme...

II

PETITE FILLE DE CATILINA

Ma mère ne répondit rien et parut ne plus penser au mystérieux locataire, seulement elle revint à la maison plus souvent qu'elle n'avait l'habitude de le faire, et elle s'arrangea de façon à rencontrer de nouveau le réfugié italien.

Alors il se passa une chose que je ne me charge point d'expliquer, par la raison bien simple que je ne la comprends pas moi-même.

Ma mère, — cette femme si matérielle et si positive, cette femme au cœur naturellement sec, desséché et racorni encore par les étranges métiers qu'elle faisait ; — ma mère pour qui rien au monde, jusque-là, n'avait eu de valeur excepté l'argent, — s'éprit d'une passion violente pour un pauvre diable de condamné politique sans le sou, et habitant une mansarde dont les domestiques eux-mêmes ne voulaient pas.

Mais ce n'était pas tout que de ressentir cet amour, — il fallait encore le faire partager, — chose difficile, je l'affirme, car le descendant de Catilina était homme, — si misérable que sa situation fût en ce moment, — à s'effaroucher des tendresses de sa portière...

Je crois que ma mère aurait échoué complétement dans la réalisation de ses amoureux désirs, si le hasard et les circonstances ne fussent venus à son aide de la façon la plus imprévue.

Un matin Claudius ne descendit point comme à l'ordinaire pour aller donner ses leçons.

La journée se passa tout entière sans qu'il sortît de chez lui.

Prévenue à quatre heures et demie de cette circonstance insolite, ma mère s'écria :

— Ce jeune homme est peut-être malade... — Je vais voir.

Et elle monta.

Ma mère avait deviné juste. — Le réfugié italien était malade en effet, bien malade, et, dans son isolement absolu, il s'attendait et se résignait à mourir sans être secouru.

Ma mère courut chercher un médecin, — revint avec lui, — fit écrire une ordonnance, — alla chez le pharmacien commander les remèdes indiqués, — fit prendre au malade une potion calmante, et, comme l'heure avancée lui commandait impérieusement de se rendre au théâtre, elle obtint de Claudius la promesse qu'il se tiendrait parfaitement tranquille jusqu'à son retour, et elle partit sans avoir dîné.

Aussitôt après le spectacle, elle prit un fiacre, — chose sans précédent dans ses habitudes, — et elle revint en toute hâte.

L'état du malade avait empiré...

Ma mère passa la nuit tout entière auprès de lui.

C'était bien là, — personne n'oserait le contester, — une belle et bonne passion, parfaitement caractérisée, et qui se manifestait énergiquement par les deux plus irrécusables symptômes de l'amour véritable, — l'abnégation et le dévouement.

A partir de cette première nuit de veille, ma mère se fit la garde-malade assidue et infatigable du réfugié.

Elle laissa complétement de côté, avec une magnifique indifférence, les labeurs et les profits de son état de marchande à la toilette, pour consacrer à Claudius presque toutes les heures de la journée.

Il n'y eut que son service au théâtre qu'elle n'abandonna point. — J'ai déjà dit les raisons pour lesquelles elle tenait si fort à sa position d'habilleuse. — Elle voyait là une question d'avenir.

Grâce aux soins qui lui furent prodigués avec une tendresse de mère, de sœur et d'amante, Claudius échappa à une mort parfaitement certaine, car le médecin l'avait condamné déjà et ne lui laissa point ignorer, lorsque commença la convalescence, que c'était à ma mère qu'il devait la vie.

Après douze ans de mariage stérile ma mère devint grosse.

Le portier-tailleur, son époux, en éprouva d'incroyables transports d'allégresse, et courut annoncer dans tout le quartier, chez ses collègues, qu'un héritier de sa loge et de ses aiguilles allait lui naître bientôt...

De quoi, — comme bien on pense, — il fut très-chaudement complimenté.

Cependant la grossesse suivait son cours naturel, — les mois se passaient, — l'époque de l'accouchement était proche... — huit ou dix jours à peine devaient s'écouler avant le terme probable...

Déjà l'administration du théâtre de Belleville avait conseillé à ma mère de se faire remplacer pendant quelques semaines; — mais elle avait tenu à ne quitter son service qu'au dernier moment, lorsque l'urgence serait absolue.

Un soir on jouait je ne sais plus quelle pièce, dans laquelle l'actrice chargée du rôle principal avait à changer de costume d'une scène à l'autre.

Trois minutes à peine lui étaient accordées pour *faire son changement*, comme on dit en argot de théâtre; — aussi, afin de simplifier les choses, — et ainsi que cela se pratique d'habitude, — on avait installé, entre deux coulisses, une psyché entourée d'un paravent destiné à suppléer le cabinet de toilette absent.

Derrière ce paravent ma mère attendait comme un bon soldat à son poste, — seulement elle tenait sur son bras gauche, — au lieu d'un fusil, — la robe qu'allait endosser la comédienne.

Cette dernière sortit de scène, s'élança, et dit, tout en dégrafant son corsage :

— Vite !! vite !! dépêchons-nous !! Je n'ai pas envie de manquer mon entrée comme avant-hier !!

Ma mère venait de quitter sa chaise.

Elle défripait quelques-uns de plis de la robe qu'elle allait présenter à l'actrice...

Soudain elle poussa un cri, — se tordit et laissa tomber la robe. — Les douleurs de l'enfantement venaient de la prendre, et la violence même de la crise annonçait que le dénouement ne se ferait point attendre...

Tout au plus, en effet, cette crise dura-t-elle quatre minutes.

L'actrice, pendant ce temps, jurait comme un dragon et s'habillait toute seule, tant bien que mal, — plutôt mal que bien...

Naturellement elle manqua son entrée le plus complétement du monde.

Les clefs sortirent de toutes les poches. — Le public se mit à siffler avec un merveilleux ensemble.

C'est au bruit de ces sifflets que je vins au monde !!

C'était bien là, n'est-il pas vrai, un assez fâcheux augure pour mon avenir de comédienne ?...

Certes ! — Mais, n'en déplaise aux gens superstitieux, les présages funestes n'ont point tenu parole et les sifflets étaient menteurs !!

La mère et l'enfant furent mis dans un fiacre après

le spectacle et ramenés rue de Bondy. — Le portier-tailleur revendiqua, plus que jamais, tous les honneurs de la paternité, et fit remarquer et admirer, le lendemain matin, à toutes les commères attirées par la nouvelle du grand événement, la prodigieuse ressemblance que je ne manquerais point d'avoir avec lui...

Cette ressemblance, — je dois le dire, — fut d'ailleurs constatée à l'unanimité...

Or, le portier-tailleur était petit, roux et hideux. — Je suis grande, je suis brune et je suis belle... — Concluez ! — Je crois la question résolue.

J'étais née. — C'était déjà quelque chose, mais ce n'était pas tout... Il fallait maintenant me baptiser et me donner un nom. — Il fallait me trouver un parrain et une marraine...

Grande affaire ! !

Le mari de ma mère proposait avec acharnement un concierge de ses amis, homme bien posé dans son estime et dans le quartier, et une cuisinière, sa parente, qui faisait danser l'anse du panier avec une distinction suprême...

Mais ma mère imposa sa volonté, — ainsi que, d'ailleurs, elle en avait l'habitude.

Elle choisit le réfugié italien, — qui certes possédait les droits les plus incontestables à être tout au moins mon parrain, — et elle lui donna pour commère une actrice du théâtre de Belleville, jouant les fortes amoureuses, et qui voulut bien faire à son habilleuse un aussi grand honneur que celui de tenir sa fille sur les fonds du baptême.

Le parrain me nomma *Tullia*, — nom qui fut déclaré généralement assez joli, mais un peu bizarre...

Soit par économie, soit par tendresse, — peut-être aussi par un mélange à doses égales de ces deux sentiments, — ma mère ne m'envoya point en nourrice. — Le sein qui m'avait porté m'abreuva.

Je ne m'en trouvai pas extrêment bien, et je vais expliquer pourquoi...

Les occupations de ma mère, comme marchande à la toilette, la tenaient absente une partie de la journée. — Elle ne pouvait me mettre dans un carton et m'introduire chez ses clientes ; — elle me laissait donc à la loge, après m'avoir donné à boire le matin, et le portier-tailleur avait la consigne, aussitôt que je commençais à crier, de me donner à sucer l'extrémité d'un biberon-Darbo rempli de lait tiède.

J'imagine qu'il devait observer scrupuleusement cette consigne, mais je dois avouer ici que je n'en ai pas conservé le moindre souvenir.

A l'heure du dîner, ma mère rentrait ; — elle m'abreuvait de nouveau, et, me prenant comme un paquet, elle m'emportait au théâtre où elle se débarrassait facilement de moi en me campant sur les bras d'un figurant quelconque, et parfois aussi sur les genoux du pompier de service.

Or, ce régime, je le répète, n'allait pas bien à mon tempérament.

Je grandissais peu, — paraît-il. — J'étais maigre comme un jeune coucou et noire comme un petit corbeau.

— Bah ! — répondait ma mère, quand on lui parlait de mon apparence malingre — elle se porte bien, au fond ; — elle deviendra grosse quand il sera temps, et je vous réponds que vous verrez un jour une belle fille !!

Elle n'avait pas tout à fait tort.

Avant d'aborder cette époque de ma vie où je commençai à être quelque chose et à avoir des souvenirs, il faut que je dise, afin d'en finir sur-le-champ, quelle fut la destinée du pauvre réfugié, de mon parrain Claudius.

Une année environ après ma naissance, un matin, de très-bonne heure, deux jeunes gens pâles et bruns, et habillés de noir, vinrent demander l'Italien.

Il sortit avec eux de la maison. — Il ne devait plus y entrer vivant.

Au bout de deux ou trois heures un fiacre s'arrêta devant la porte :

De ce fiacre descendirent les jeunes gens qui soutenaient dans leurs bras un corps inanimé. — C'était celui de Claudius dont une balle de pistolet avait troué la poitrine.

Voici ce qui venait de se passer.

La veille, le réfugié avait lu par hasard, dans je ne sais quel journal, un article tellement insultant pour les carbonari italiens en général, et pour lui en particulier, qu'il était allé provoquer à l'instant même le journaliste.

Une rencontre au bois de Vincennes avait été décidée pour le lendemain.

Les jeunes gens pâles, vêtus de noir, étaient les amis et les témoins de l'Italien.

Le sort se déclara pour le journaliste français. — Le réfugié tomba raide mort sous la première balle, sans avoir même eu le temps de répondre au feu de son adversaire.

Les choses s'étaient passées, du reste, avec une parfaite loyauté.

En rentrant de ses courses, ma mère apprit cette mort.

Son désespoir fut grand et la jeta hors des bornes de toute modération et de toute prudence.

Elle pleura, — sanglota — se tordit les mains, — fit mine de s'arracher les cheveux.

Le portier-tailleur resta, pendant quelques secondes, muet et abasourdi comme un homme qui vient de recevoir à l'improviste, sur le crâne, un tuyau de cheminée.

Puis, tout à coup, il se mit à rire, — fit ce geste habituel aux gens qui viennent de trouver la solution d'une énigme ou d'un logogriphe, et murmura :

— Le *trépas* inattendu du parrain de *ma* fille vient de faire perdre momentanément la tête à mon *épouse*... — Ça reviendra un peu plus tôt ou un peu plus tard...

Ma mère entendit, mais elle se contenta de hausser

les épaules sans répondre, — elle essuya ses larmes, — elle me prit et elle m'emporta au théâtre.

C'est d'elle-même que je tiens tous ces détails. — Elle me les a répétés plus d'une fois, et j'en garantis l'exactitude.

J'atteignis l'âge de six ans. — Je m'étais développée; — j'avais grandi; — je n'étais pas jolie, à ce qu'il paraît, mais ma physionomie vive, intelligente, animée, promettait beaucoup, — toujours à ce qu'il paraît...

A cette époque, il se passa un événement qui fut, pour mon avenir, d'une prodigieuse importance.

III

UN MÉLODRAME

Voici quel fut cet événement.

Un acteur du théâtre de Belleville avait une fille âgée de huit ou neuf ans, qu'on appelait Zizi et qui tenait, en chef et sans partage, l'emploi des enfants des deux sexes, dans toutes les pièces où il y avait un rôle d'enfant.

Elle jouait les petites filles en robe, — elle jouait les petits garçons en culotte, — et elle rapportait à monsieur son père un fort joli supplément d'appointements.

Le public bellevillois aimait beaucoup cette comédienne en miniature et lui faisait de véritables ovations.

Ceci donna l'idée au directeur de remonter un vieux mélodrame qu'il avait découvert en explorant je ne sais quel case de bouquiniste sur les quais, — et dans lequel se trouvait un rôle d'enfant beaucoup plus important que tous ceux qui, jusqu'à ce jour, avaient fait briller le talent précoce de mademoiselle Zizi.

Le mélodrame en question s'appelait LE CHATEAU DE LA ROCHE-NOIRE, *ou le Proscrit Breton.*

Ce mélodrame avait pour principal personnage un gentilhomme des environs de Nantes, poursuivi par les agents du Tribunal révolutionnaire dont l'un d'eux a juré sa mort, et réfugié dans une introuvable cachette de son château de la Roche-Noire.

Le petit Georges, fils du gentilhomme, — un enfant de cinq ans, — connaît le secret de la cachette de son père.

Il a été confié par ce dernier à des métayers dévoués, et il vit avec eux, sous un déguisement de petit paysan, dans une closerie voisine du château.

L'agent révolutionnaire, qui, par suite d'une rivalité amoureuse, est devenu le mortel ennemi du gentilhomme, arrive à la Roche-Noire avec des soldats bleus, et muni de pouvoirs illimités.

Sous le déguisement dont je viens de parler, il a reconnu le petit Georges ; — il sait que l'enfant possède le secret de la cachette, — il le fait amener devant lui, — il l'interroge, et par la persuasion, par la douceur, par la menace, il veut lui arracher son secret que l'enfant, bien entendu, conserve au péril de sa vie.

Ceci constituait une des principales scènes, ou, pour mieux dire, la scène capitale du mélodrame.

Au moment où l'abominable Brutus allait faire feu sur le petit Georges, voici que de partout, — des fenêtres volant en éclats, — des tableaux tournant sur les panneaux mobiles, — des trappes pratiquées dans le plancher, — des couloirs percés dans les murs, — s'élançaient des Vendéens armés, conduits par le père de Georges, par le comte de Pontcallec en personne.

Brutus se trouvait momentanément à la disposition de ses plus terribles ennemis, et le mélodrame continuait.

Cette rapide analyse démontre péremptoirement deux choses: la première, c'est que le *Château de la Roche-Noire* pouvait passer pour une œuvre lourdement conçue et maladroitement exécutée; — la seconde, c'est que le rôle du petit Georges était d'une extrême importance, et demandait à être joué, non-seulement avec une mémoire obéissante, mais encore avec une véritable intelligence dramatique, sous peine d'en mal indiquer les intentions, et d'en laisser tomber les effets.

Or, le directeur, — comptant beaucoup sur l'intelligence de mademoiselle Zizi, — se croyait certain d'obtenir un grand et fructueux succès en lui distribuant le rôle de Georges.

Il alla jusqu'à se mettre en frais, — chose prodigieuse et invraisemblable! — en commandant un décor absolument neuf, qui représentait la salle gothique du château.

Les répétitions commencèrent et se succédèrent avec une rapidité de bon augure.

Mademoiselle Zizi, — disait-on, — se surpassait !

Le directeur était radieux.

IV

ZIZI DUMOULIN

Deux ou trois jours avant la soirée où devait avoir lieu l'importante *solennité dramatique* qui se préparait, ma mère, en un moment où aucune artiste n'avait besoin de ses services, était assise derrière un décor tandis que je jouais à droite et à gauche dans les coulisses et au foyer.

Elle assista incognito au dialogue suivant, qui lui fit dresser l'oreille dès la première réplique et dont elle ne perdit pas un seul mot.

Le directeur se promenait sur son théâtre, la bouche souriante, les bras croisés derrière le dos, — dans une attitude véritablement napoléonienne.

L'acteur, heureux père de mademoiselle Zizi, s'ap=

procha de lui et le salua avec une sournoise humilité.

— Bonsoir, Dumoulin, — lui dit le directeur, en s'arrêtant auprès de son pensionnaire et en lui frappant sur l'épaule avec une familiarité gracieuse et protectrice.

— Bonsoir, mon directeur, — répondit l'artiste. — Pourrait-on, sans vous déranger, causer avec vous pendant la simple bagatelle de quatre minutes ?... *histoire d'en dire deux.*

— Disons-en deux, Dumoulin... et même davantage si vous le souhaitez ; mais, à quel propos ?..

— A propos d'un objet de grande conséquence...

— Pour vous, ou pour moi ?

— Pour l'un et pour l'autre, mon directeur, mais surtout pour moi...

— De quoi s'agit-il ?

— Il s'agit de la petite...

— De Zizi ?

— En propre et naturelle personne... oui, mon directeur.

— Elle n'est pas malade, j'espère...

— Oh ! que nenni ! — Elle se porte comme un charme !... C'est une enfant d'une belle venue et d'une forte santé...

— Et vous dites qu'il s'agit d'elle ?...

— Un peu, mon neveu...

— Alors, expliquez-vous Dumoulin. — J'attends vos communications...

— Je vais m'expliquer, mon directeur, et je serai clair et transparent comme de l'eau de roche...

— Vous me ferez plaisir, Dumoulin, — répliqua le directeur, qui cependant et sans trop savoir pourquoi commençait à ressentir une vague inquiétude. — Oui, Dumoulin, vous me ferez bien plaisir...

— Dans ce cas, mon directeur, je me garderai de vous laisser attendre. — Voici de quoi il retourne : — Je voudrais un bout d'engagement...

— Mais, vous êtes engagé !..

— Aussi, ce n'est pas pour moi...

— Pour qui donc ?

— Pour Zizi.

— Bah ! — s'écria le directeur très-surpris.

— C'est mon idée... — reprit l'artiste.

— Mais, à quoi bon ?

— Un engagement est toujours bon à quelque chose...

— On n'engage guère des comédiennes de huit ans...

— L'enfant grandira... et d'ailleurs :

> .... aux actrices bien nées,
> Le talent vient avant le nombre des années !...

— Ne vous fiez-vous donc plus à ma parole, Dumoulin ?..

— J'ai grande confiance, mon directeur, mais un écrit de quatre lignes vaut plus que toutes les paroles du monde... — D'ailleurs, vous ne m'en avez donné aucune...

— Immédiatement, c'est vrai, — mais vous savez bien qu'il a été convenu, par le passé, que Zizi toucherait vingt sous de feux chaque fois qu'elle aurait rempli un rôle quelconque dans la représentation du soir...

— Vingt sous!! — répéta Dumoulin d'un air souverainement dédaigneux, — vingt sous!! Ah! c'est mesquin!!

— Mon intention,— se hâta d'ajouter le directeur,— a toujours été de proportionner la rémunération au service rendu, et d'augmenter les *feux* en raison de l'importance des rôles... — Ainsi, pour le *Château de la Roche-Noire*, je donnerai à Zizi deux francs au lieu de vingt sous... — J'espère que c'est gentil, cela?..

La réponse se fit attendre.

Ma mère, qui non-seulement écoutait, mais encore regardait à travers une petite déchirure du décor, — ma mère s'aperçut facilement que l'inquiétude du directeur redoublait.

Enfin, Dumoulin, — après avoir paru se consulter quelques secondes, — posa son poing sur sa hanche et répondit carrément :

— Ces conditions ne me vont pas...

— Ah! — s'écria le directeur, — elles ne vous vont pas!.. — Et qu'est-ce que vous voulez donc, grand Dieu?..

— Je veux un engagement en règle, et des appointements fixes pour Zizi...

— Un engagement!! — Mais, je vous le répète, jamais, au grand jamais, on n'a vu engager un enfant de cet âge!..

L'acteur fit un geste narquois, et répondit avec le plus grand calme :

— On ne l'a jamais vu ? — C'est possible... Mais qu'est-ce que ça prouve ? — On le verra, voilà tout...

— Et quelles sont vos prétentions ?

— Mon directeur, je veux cinquante écus...

— Par an ?

— Mon directeur, vous maniez la plaisanterie fort agréablement, et je vous en félicite !... Le petit mot pour rire, c'est très-gai !... Au fond, vous comprenez comme votre serviteur qu'il s'agit de cinquante écus par mois...

Le directeur leva ses deux mains vers les frises, et s'écria :

— Allons donc ! Allons donc ! — Mais vous êtes fou, Dumoulin !!

— Vous me permettrez de n'en rien croire.

— Cinquante écus !... Mais mon grand premier rôle ne touche que soixante et quinze francs !!

— Après ?

— Et vous voulez que j'en aille donner cent cinquante à une morveuse de huit ans ?

— Parfaitement bien, et pour la meilleure de toutes les raisons... — Le grand premier rôle ne fait pas un sou, et la morveuse fera de l'argent...

— Ce n'est pas sûr...

— C'est parfaitement sûr, au contraire, et la preuve

que vous y comptez, c'est que vous venez de faire de gros frais pour le mélodrame que Zizi joue après-demain.

Le directeur, battu par cet argument *ad hominem* baissa la tête en soupirant.

— Enfin, ce n'est point de tout cela qu'il est question, — reprit Dumoulin qui se sentait bataille gagnée, — c'est de l'engagement... — Je veux cinquante écus et c'est mon dernier mot... J'y tiens... Je ne sors pas de là... Voulez-vous me les donner, oui ou non ?

— Non...

— Une fois, deux fois, trois fois, — voulez-vous ?

— Non ! Non !! Non !!!

— Très-bien... Ça me regarde... Mais alors, arrangez-vous comme vous l'entendrez, Zizi ne jouera pas...

— Vous dites ? — s'écria le directeur avec épouvante.

— Je dis : *Zizi ne jouera pas!*

— Qui l'en empêchera ?

— Moi.

— Vous n'en avez pas le droit...

— Je m'en fiche pas mal !!

— Vous l'avez laissée répéter... Les répétitions équivalent à un contrat passé entre nous...

— Je me moque du contrat.

— Je vous ferai un procès...

— Qu'est-ce que vous voulez que ça me fasse ?

— Je le gagnerai...

— Tant mieux pour vous.

— Vous serez condamné...

— A quoi ?

— A des dommages-intérêts considérables...

Dumoulin se mit à rire.

— Ah ! je serai condamné !! — répéta-t-il en ricanant.

— C'est certain.

— A payer ?

— Parfaitement.

Dumoulin fit le geste goguenard des gamins de Paris imitant les cantonniers de chemins de fer.

— Il paraît, mon directeur, — reprit-il ensuite, — que vous avez oublié certain proverbe : — *Où il n'y a rien, le roi perd ses droits!* — et, soit dit sans vous offenser, vous n'êtes pas encore le roi !!

Puis Dumoulin déclama comiquement ces deux vers du vieux répertoire :

> Tu peux me faire perdre, ô fortune ennemie,
> Mais, me faire payer, morbleu, je t'en défie !!

— Malheureux !! — balbutia le directeur effaré, — il fallait donc au moins me prévenir de votre résolution il y a huit jours, et ne pas me laisser dépenser cent écus pour le décor gothique du *Château de la Roche-Noire*...

Dumoulin eut un éclat de rire tout à fait méphistophélétique.

— Vous prévenir, mon directeur, — répliqua-t-il, — pas si bête !! Si je vous avais prévenu vous n'auriez point monté la pièce, et bonsoir l'engagement de Zizi !! Tandis que maintenant vous êtes tout à fait à notre discrétion, et, vous aurez beau vous débattre, vous finirez par consentir à ce que je demande..

— Mais c'est une infamie! un piége atroce! un guet-à-pens qui n'a pas de nom !!

— Appelez ça comme vous voudrez, mon directeur...
— Oh! mon Dieu, je ne chicanerai pas sur les mots...
— Je ne vous demande que de ratifier ma proposition, même quand elle vous semblerait un peu canaille...

— Jamais!! — râla le directeur avec une énergie défaillante, — Jamais!!

— Comme il vous plaira.. — Je suis bon enfant, je vous laisse toute la nuit pour réfléchir.. — Demain matin Zizi et moi nous reviendrons à l'heure de la répétition, — nous passerons dans votre cabinet; — si l'engagement est tout préparé, pour un an, aux appointements de cinquante écus par mois, nous le signerons et nous répéterons, — sinon nous nous en irons tout tranquillement fumer notre pipe et déguster notre absinthe au café du Bosquet, — car il faut vous dire, mon directeur, que Zizi fume et boit comme un homme!! — Cette petite a tous les talents!!

Et Dumoulin, — faisant au directeur le salut militaire avec une incomparable ironie, — tourna sur ses talons et s'éloigna.

Le malheureux impressario, désespéré, le regard éteint, les bras pendants le long du corps, regagna à pas lents son cabinet directorial.

Son anéantissement était si complet qu'il ne lui restait pas même la force de proférer quelques imprécations pour se soulager.

A peine venait-il de tourner l'angle de la dernière coulisse que ma mère, illuminée par une inspiration soudaine, se leva comme une folle et fureta dans tous les coins et recoins du théâtre et du foyer, jusqu'à ce qu'elle eut fini par me rencontrer.

Elle me saisit la main, et m'entraîna en me disant :

— Vite ! vite ! vite ! !

Et elle allait effectivement d'un tel train que j'avais toutes les peines du monde à la suivre, même en courant.

Heureusement pour mes petites jambes elle ne me conduisait pas bien loin, et elle s'arrêta à la porte du cabinet du directeur.

Là elle frappa deux coups légers, avec une discrétion exemplaire.

Une voix éteinte demanda depuis l'intérieur :

— Qui est là ?

— C'est moi, mon directeur, — répondit ma mère, moi, m'ame Ulysse, — votre habilleuse...

Je dois dire que ma mère, dont le légitime époux s'appelait *Loriot*, trouvant ce nom empreint d'une vulgarité déplorable, avait jugé d'un goût exquis d'adopter, pour le théâtre, le pseudonyme de *Madame Ulysse*.

Pourquoi ce pseudonyme plutôt qu'un autre ? — demanderont peut-être mes lecteurs. — Il me serait impossible de leur répondre, car je n'en ai jamais rien su, — ni ma mère non plus, sans doute.

Donc, elle venait de répondre : — C'est moi, — m'ame Ulysse... — votre habilleuse... — et elle s'attendait si bien à entendre le mot : — *Entrez!* — que déjà sa main s'appuyait sur le bouton de la serrure pour le mettre en mouvement.

Mais, au lieu de l'invitation attendue, la voix du directeur, ranimée pour la circonstance, lui cria cette phrase énergique :

— Allez au diable !!

Ma mère parut surprise, et pendant un instant je crois qu'elle hésita. — Mais elle était femme résolue et son parti fut pris bien vite.

— Ah ! bah ! — murmura-t-elle, — au petit bonheur !!

Elle ouvrit brusquement la porte et elle entra dans le cabinet, me traînant toujours à sa remorque.

Le directeur, affaissé sur un vieux divan, se livrait selon toute apparence aux plus mélancoliques réflexions.

Il parut furieux d'être ainsi troublé malgré lui dans sa morne solitude, et il s'écria, en panachant ses paroles de jurons inutiles à reproduire :

— Je vous ai déjà dit d'aller au diable !! — Comptez-vous me donner la paix, oui ou non?... — Allons, allons, décampez !! et plus vite que ça !!

Ma mère ne se tint pas pour battue. — Elle laissa tranquillement passer l'orage, et elle répliqua :

— Mon directeur, je venais pour avoir l'honneur de vous dire que Dumoulin est un polisson.

En entendant exprimer à l'improviste une opinion aussi parfaitement conforme à la sienne, le directeur fit un soubresaut sur son vieux divan.

— Ah! ah! — s'écria-t-il subitement radouci, — c'est là votre avis, m'ame Ulysse?

— Oui, mon directeur.

— Et, à quel propos venez-vous m'en faire part?

— A propos des cent cinquante francs par mois qu'il a le front de vous demander pour mademoiselle Zizi, sa saltimbanque de fille!!

— Ah! vous savez?

— Tout mon directeur...

— Mais, comment?

— J'ai entendu votre dialogue avec Dumoulin...

— Vous voyez alors à quel point le gredin abuse d son avantage!! Il me fait *chanter* parce que je ne peux pas me passer de sa fille!!

— Vous pouvez vous en passer... — répliqua carrément ma mère.

— Vous croyez?

— J'en suis sûre.

— En ne jouant pas la pièce?

— En la jouant, au contraire... et avec avantage...

— Mais le rôle de *Georges*? qui tiendra le rôle de *Georges*?

— J'ai votre affaire...

— Sérieusement?

— Ai-je l'air d'une femme qui se permet de plaisanter avec son directeur ?

— Vous avez sous la main un petit phénomène ?

— L'oiseau bleu, le merle blanc ! — oui, mon directeur...

— Et, ce merle blanc ?

— Le voici... — répondit ma mère en me faisant faire deux pas en avant. — C'est ma propre fille Tullia, que j'ai l'honneur de vous présenter...

Le directeur m'examina d'un air médiocrement rassuré.

— La petite est gentille et semble intelligente, — dit-il au bout d'un instant, — mais comment voulez-vous qu'une enfant de cet âge, qui n'est encore montée sur aucun théâtre, puisse jouer un rôle comme celui de *Georges*?

— Mon directeur, — répliqua ma mère, — si vous connaissiez l'esprit de ce moucheron-là, vous ne diriez pas ce que vous dites !! — Quant à son âge, c'est une raison de plus de succès... — Vous mettrez sur votre affiche, en grosses lettres : — *Le rôle de* Georges *sera joué par la petite* TULLIA. — *Cette enfant phénomène et incomparable n'est âgée que de cinq ans et neuf mois, et comme on pourrait croire que nous induisons le public en erreur pour mieux lui faire apprécier un talent si précoce et si complet, l'acte de naissance de la petite Tullia sera déposé au contrôle, où les incrédules pourront en prendre connaissance pendant les entr'actes.* —

Qu'est-ce que vous dites de ce *boliment*-là, mon directeur?

— Je dis que ça ne serait pas mauvais du tout...

— Je le crois fichtre bien !!

— Mais l'enfant pourra-t-elle jouer ? — Voilà la question...

— Mon directeur, avez-vous là une brochure du *Château de la Roche-Noire?*

— Oui.

— Voulez-vous me la prêter ?

— La voici.

— Demain matin, la petite saura la moitié du rôle... — demain soir elle le saura tout entier, et elle le jouera après demain si vous voulez...

— Ah ! m'ame Ulysse, si vous faites ça, vous pourrez vous vanter de m'avoir tiré une fameuse épine du pied !... — Brigand de Dumoulin, je le casserais aux gages de bien bon cœur ! !...

— Vous aurez ce plaisir-là, mon directeur... Gardez-vous d'en douter ! ! — Ce n'est pas nous qui vous demanderons, comme ce drôle-là, des choses par-dessus les maisons...

— Au fait, que demanderiez-vous ? — Entendons-nous tout de suite pour le cas où les représentations pourraient avoir lieu...

— Mon directeur, pas d'engagement, et cent sous de feux pour chaque soirée dans laquelle Tullia paraîtra.

— C'est raisonnable.

— Alors, vous acceptez ?

— Oui.

— Dans ce cas, mon directeur, tout est bien... — Seulement, trouvez quelqu'un qui me remplace ce soir dans mes fonctions d'habilleuse... — Je voudrais pouvoir rentrer afin de faire travailler la petite.

— Bien... bien... je suis prévenu, ça suffit... — Vous pouvez vous en aller; — ces dames s'habilleront toutes seules... — A propos, la répétition est pour midi... — Venez à onze heures avec la petite.

— Oui, mon directeur.

Ma mère avait obtenu ce qu'elle voulait; — elle fit une profonde révérence, et, pour la première fois depuis bien des années, elle reprit à dix heures du soir le chemin de la rue de Bondy.

Elle me tenait d'une main, et serrait de l'autre la précieuse brochure du *Château de la Roche-Noire*.

V

LE PETIT PRODIGE

Comme je ne savais pas un mot de ce qui s'était passé antérieurement entre le directeur et Dumoulin, je n'avais pas compris grand chose à l'entretien auquel je venais d'assister.

Je devinais cependant qu'il s'agissait de moi, et que j'allais devenir une petite personne fort importante.

— Tullia, — me dit ma mère aussitôt que nous fûmes de retour dans la loge paternelle, — toi qui vois des actrices tous les soirs, ne penses-tu pas que ce sont des femmes bien heureuses d'être ainsi vêtues d'habits magnifiques, couvertes d'or et de bijoux, et de dire de belles choses devant un public qui les applaudit ?

— Oh ! oui ! — m'écriai-je avec conviction.

— Eh ! bien, si tu veux, tu seras comme elles.

— Je ne demande pas mieux, mais il me semble que je ne suis pas assez grande pour être une actrice...

— C'est ce qui te trompe, et, la preuve, c'est que tu le seras dans deux ou trois jours.

Je frappai joyeusement dans mes mains car cette perspective me ravissait, puis je demandai :

— Et que faut-il faire pour cela ?...

— Tu vas voir... — répondit ma mère.

Elle ouvrit la brochure, — elle chercha les scènes dans lesquelles figurait activement le rôle de Georges, — elle me les lut et elle m'expliqua que c'était moi qui serais le petit garçon, mais qu'il fallait apprendre par cœur ce que le petit garçon avait à dire.

Ce travail, absolument nouveau pour moi, me parut amusant, — ma mémoire vierge était excellente ; — le rôle, d'ailleurs, quoique très-important par les situations dans lesquelles il se trouvait, était relativement court.

A minuit, en me couchant, je le savais, non pas à moitié mais d'un bout à l'autre, et, en m'endormant, je le répétais à haute voix.

L'enchantement de ma mère prenait des proportions inouïes.

Quant à Loriot, — le portier tailleur, — il était complétement abasourdi et demandait une multitude d'explications que ma mère ne jugeait en aucune façon convenable et utile de lui donner.

Le lendemain matin je m'éveillai de bonne heure, et

je m'aperçus avec étonnement que je savais mon rôle encore mieux que la veille au soir.

L'expérience m'a appris depuis que ce fait ne manquait jamais de se produire indentiquement dans des circonstances semblables.

Ma mère,—qui ne manquait point d'intelligence scénique et qui aurait pu devenir, j'ai tout lieu de le croire, une actrice très-passable, — employa une heure ou deux à m'expliquer, ou plutôt à me *seriner* les intentions du rôle, que j'arrivai à réciter avec aplomb, et comme un perroquet dramatique des plus distingués.

Ma coiffure et ma toilette furent traitées avec un soin tout particulier, et, à dix heures et demie, ma mère et moi nous montâmes en voiture pour nous rendre au théâtre de Belleville.

Le directeur nous attendait avec impatience.

— Eh! bien, m'ame Ulysse? — demanda-t-il vivement à ma mère en la voyant paraître, — eh bien?...

— Eh bien, mon directeur, je vous garantis qu'aujourd'hui vous ne m'enverrez pas *au diable,* comme hier...

— Les choses marchent donc convenablement?

— Sur des roulettes, mon directeur.

— L'enfant sait la moitié du rôle?...

— L'enfant sait le rôle tout entier.

— Vraiment, mais c'est incroyable!!!

— C'est comme j'ai l'honneur de vous le dire... — D'ailleurs, vous allez voir...

Le directeur prit la brochure et commença à me donner la réplique.

Je fonctionnai d'un bout à l'autre, — sans timidité, — sans une seule faute de mémoire, et *en soulignant* toutes les intentions.

Le directeur était écrasé d'étonnement et d'admiration.

— Mais, s'écria-t-il quand j'eus achevé, — mais c'est prodigieux!... inouï!... phénoménal!... exorbitant!... — La petite dégotte les Léontine Fay, passées, présentes et à venir!... — Elle sera un jour une grande actrice, j'en réponds!...

Et, dans la ferveur de son enthousiasme, il sonna un garçon de théâtre, lui mit cinq francs dans la main, et lui donna l'ordre de courir m'acheter pour cent sous de bonbons.

En même temps qu'il consommait cet acte d'incompréhensible prodigalité il m'embrassa à deux ou trois reprises, ce qui me déplut fort, car il était assez vieux, notablement laid, et d'une propreté tout au moins douteuse.

Quant aux conditions proposées par ma mère elles furent acceptées, comme bien on le pense, sans conteste.

— Restez dans mon cabinet jusqu'au moment de la répétition, — dit le directeur à ma mère, — je suis bien aise que vous voyiez de quelle façon je vais recevoir ce gueux de Dumoulin...

Nous nous assîmes dans un coin.

A onze heures précises l'artiste, heureux père de mademoiselle Zizi, se présentait chez le directeur, tenant sa fille par la main.

La face du cabotin, plus amplement enluminée que de coutume, démontrait jusqu'à l'évidence qu'il venait de s'offrir un copieux déjeuner, arrosé largement, premier à-compte sur les jouissances innombrables que lui procureraient les cinquante écus d'appointements mensuels.

Mademoiselle Zizi — qui, selon le dire de son père, buvait et fumait comme un homme, — avait sans doute fait acte de virilité et titubait légèrement.

Dumoulin souleva gracieusement son feutre gras.

Mademoiselle Zizi fit une révérence étudiée.

— Eh bien, mon directeur, — demanda le cabotin, — avons-nous fait nos réflexions, comme dans *Victorine ou la Nuit porte conseil* ?

— Oui, mon cher, j'ai réfléchi.

— Alors, inutile de dire que vous vous montrez bon enfant... que vous appréciez le mérite, et que vous le payez ce qu'il vaut ?

— Oui, mon cher, j'aime le mérite, je l'apprécie et je le paye...

— Où est le petit engagement ? — En ma qualité de père et de tuteur naturel de Zizi, mineure, je vais le signer *illico*...

— Inutile...

— Comment, inutile ?

— Oui, j'ai à vous annoncer une chose qui rend

superflue la signature de l'engagement en question...

— Et quelle est cette chose, s'il vous plaît, mon directeur?...

— C'est que, mon cher Dumoulin, vous ne faites plus partie de la troupe de Belleville.

— Bah! — s'écria l'artiste stupéfait, — et, depuis quand?...

— Depuis ce matin...

— Vous moquez-vous de moi?

— Me moquer d'un artiste de votre mérite! — jamais!

— Ainsi, vous me congédiez?...

— Mon Dieu, oui.

— Il m'est dû trois semaines d'appointements.

— Passez à la caisse...

— Et vous renoncez à monter *le Château de la Roche-Noire?*

— En aucune façon.

— Et, sans doute, — demanda Dumoulin en ricanant, — vous ferez jouer le rôle de Georges par le pompier de service?...

— Ne vous inquiétez pas de cela, mon cher, vous verrez.

— Directeur, voulez-vous que je vous dise mon opinion sur votre compte?

— Je n'y tiens pas le moins du monde.

— C'est possible, mais moi j'y tiens. — En quatre mots, la voici : — *Vous êtes un crétin!!*

Et après avoir formulé cette foudroyante apostrophe,

— pareille à la flèche classique que le Parthe ne manquait jamais de lancer en fuyant, — Dumoulin, *honteux comme un renard qu'une poule aurait pris*, s'en alla se faire payer, — en jurant, *in petto*, de monter une cabale contre l'intrigant, quel qu'il fût, qui se permettait de couper l'herbe sous le pied de mademoiselle Zizi.

Or, cet intrigant, c'était moi.

Mes lecteurs savent, de science certaine, que je n'avais pas beaucoup intrigué! — Mais c'est ainsi, presque toujours, que l'on juge les choses et les gens.

La répétition commença.

Le directeur y assistait.

Tous les acteurs et toutes les actrices qui jouaient dans le mélodrame en question furent étonnés et émerveillés de mon aplomb, de ma mémoire, de mes dispositions précoces.

Ce fut à qui m'embrasserait, — me caresserait, — me complimenterait. — En moins d'une heure, je passai définitivement, et sans opposition, à l'état de prodige.

Le directeur rayonnait. — Ma mère était au moment d'éclater d'orgueil et de joie.

Il fut décidé, séance tenante, que trois répétitions suffiraient pour faire les raccords nécessaires à mon rôle, et que la pièce pourrait passer le surlendemain.

Tout aussitôt la banlieue et le faubourg du Temple furent inondés d'affiches annonçant *les représentations*, — sur le théâtre de Belleville, — de la petite Tullia, âgée de cinq ans, si justement surnommée le *prodige incomparable* par les souverains étrangers devant lesquels elle avait eu l'honneur de paraître dans ses principaux rôles.

Tous avaient voulu la couvrir d'or, de diamants, de perles fines, pour la conserver à leur cour, — dont elle était le plus bel ornement. — Mais, dans son patriotisme non moins éclairé que précoce, la petite Tullia avait préféré les applaudissements frrrançais aux richesses étrangères!!...

Beaucoup de personnes devant nécessairement refuser d'ajouter foi à l'extrême jeunesse de l'enfant miraculeux, — l'acte de naissance dudit enfant serait déposé au contrôle, — ainsi qu'un certificat d'identité fait en bonne forme, et légalisé par la signature du maire de l'arrondissement.

L'affiche disait tout cela et plusieurs autres choses encore.

On voit que l'idée de ma mère avait germé et porté ses fruits.

VI

LE THÉATRE DES JEUNES ÉLÈVES

Par le temps de charlatanisme qui court, — et qui courait déjà à l'époque où se passaient les faits racontés dans cette autobiographie véridique, — alors que tout ce qui frappe à tour de bras sur la grosse caisse de la réclame est sûr de produire un certain effet, — une affiche ainsi conçue devait piquer au vif la curiosité des bons bourgeois de la banlieue.

Ceci ne manqua point d'arriver, et, le soir de la première représentation du *Château de la Roche-Noire*, une affluence tout à fait inaccoutumée de public se pressait dans la salle.

Je ne veux point me faire feuilletoniste pour raconter comment je gagnai cette première bataille livrée à la lueur des quinquets de la rampe.

Il me suffira de constater que mon succès fut très-grand, — d'autant plus grand qu'il y avait une formidable cabale organisée contre moi, — on devine facilement par qui.

Au moment de ma seconde entrée en scène je fus accueillie par une violente bordée de sifflets, dont les uns partaient du parterre et les autres de la seconde galerie.

Le vrai public, qui ne s'associait pas le moins du monde à cette démonstration hostile, — cria :

— A la porte ! !

Les cabaleurs n'en tinrent compte et continuèrent à siffler comme des aspics.

Mais le public, que la pièce intéressait et qui trouvait le rôle de *Georges* admirablement joué, se fâcha pour tout de bon.

Pendant quelques minutes la salle de spectacle de Belleville, — habituellement si paisible, — fut le théâtre d'un véritable ouragan.

Enfin le commissaire de police jugea convenable d'intervenir, — et les perturbateurs furent expulsés violemment.

Dumoulin, chef de la cabale, dirigeait ses affidés du parterre.

Mademoiselle Zizi en faisait autant à la seconde galerie.

Malheureusement pour lui Dumoulin, avant le spectacle, avait fêté la dive bouteille un peu plus que de raison ; — il ne témoigna point un suffisant respect à l'écharpe sacro-sainte de M. le commissaire de police; de telle sorte qu'il fut non-seulement expulsé, mais encore qu'il alla cuver son vin et passer le reste de la nuit au poste.

La représentation continua, et à partir de ce moment ce ne fut plus un succès, ce fut pour moi un triomphe perpétuel.

Après la chute du rideau je fus rappelée trois fois, et l'on me jeta, — sans exagération, — au moins une demi-douzaine de bouquets.

Bref, — ce qui ne s'était jamais vu à Belleville, et ce qui ne se reverra probablement jamais, — le *Château de la Roche-Noire* obtint quarante représentations, avec une moyenne de cinq cents francs de recette par représentation.

En face de ce prodigieux résultat, le directeur fut le premier à proposer un engagement avantageux.

Ma mère ne voulut point l'accepter.

— La petite est à votre disposition, — dit-elle; — elle jouera au cachet toutes les fois que vous aurez un rôle à lui donner, — mais un engagement nous lierait, et *nous* voulons conserver notre liberté.

Le directeur essaya de combattre cette détermination. — Ne pouvant y parvenir, il prit son parti de l'entêtement de ma mère et il résolut de m'exploiter de son mieux tandis que j'avais la vogue.

En conséquence il fouilla dans toutes les pièces du vieux et du nouveau répertoire, afin d'y trouver des rôles d'enfants, et quand ces rôles étaient trop courts pour une actrice de mon importance, il les faisait allonger par le rédacteur en chef du *Journal de la banlieue*, — ci-devant jeune homme, — ex-clerc d'huissier, — et se piquant de fortes études et de littérature dramatique.

Que d'inepties il m'a fait dire, le brave garçon ! — A force d'être bête, cela devenait parfois très-réjouissant...

Si réjouissant que moi, — bonne fille, — je ne lui en garde nullement rancune.

Petit à petit ma réputation grandit, et prit dans toute la banlieue des proportions considérables.

Au bout d'un an j'étais célèbre et l'on parlait de moi depuis la barrière du Trône jusqu'à celle de Clichy, — inclusivement, — et même, dans Paris, le prestige de mon nom arrivait jusqu'au pont jeté sur le canal Saint-Martin.

Deux ou trois directeurs de théâtres, — ceux du Vaudeville, du Gymnase, du Palais-Royal, — vinrent me voir jouer, — mais ils me trouvèrent certainement au-dessous de ma réputation, car aucun engagement ne me fut offert.

Je me trompe, — il nous vint une proposition, — mais ma mère la déclina comme étant au-dessous de nos mérites.

Cette proposition émanait de M. Comte, *physicien du roi* et propriétaire du *Théâtre des Jeunes Élèves*, situé comme on sait au passage Choiseul, et démoli depuis cette époque pour céder la place à la jolie salle des *Bouffes-Parisiens,* où le spirituel maëstro Jacques Offenbach a cueilli ses premiers lauriers et donné son chef-d'œuvre, — je veux parler d'*Orphée aux Enfers.*

M. Comte, — un excellent homme s'il en fut, — désirait vivement me voir devenir sa pensionnaire, — et il le prouvait en m'offrant soixante-dix francs par mois, — chiffre énorme pour son théâtre où les artistes les mieux payés touchaient vingt-cinq ou trente francs tout au plus.

Malgré ces avantages, ma mère, — qui ne voulait pas me voir dans un théâtre d'enfants, — refusa.

Sur ces entrefaites, il arriva à mon directeur une chose parfaitement normale et parfaitement prévue dans ce temps-là, — quant à messieurs les directeurs de la banlieue.

Je veux dire qu'il fit faillite, et que tout ce qui composait le personnel, — acteurs, actrices, musiciens, souffleurs, garçons d'accessoires et habilleuses, — se trouva sur le pavé.

Pour presque tous les pauvres diables englobés dans cette faillite, c'était la misère la plus hideuse, la misère noire, qui n'a pas de feu, qui n'a pas de pain.

Pour ma mère et pour moi, il n'en était point de même.

Je crois avoir déjà dit que ma mère avait mis quelque argent de côté; — d'ailleurs son métier de marchande à la toilette était bien autrement lucratif que celui d'habilleuse à Belleville; — et cependant elle se désola autant et peut-être plus que tous les autres.

C'est que ma mère avait construit dans son imagination, pour elle et moi, tout un avenir éblouissant dont les bases reposaient sur ma carrière théâtrale, et elle voyait avec désespoir que j'allais, par la faute des circonstances, retomber dans cette obscurité profonde d'où m'avait tirée une première fois le hasard.

Aussi, dès le lendemain de la fermeture du théâtre, elle se mit en route avec moi et me traîna chez tous les directeurs du boulevard.

Nous fûmes reçues, — je dois le dire, — d'une façon extrêmement médiocre, et il nous fut répondu partout que le besoin d'engager une petite fille de mon âge ne se faisait nullement sentir et qu'on nous priait de vouloir bien repasser dans une dizaine d'années.

Ma mère rentra chez elle en proie au découragement le plus profond et le mieux justifié.

Loriot, le portier-tailleur, profita de ce retour pour disparaître ; — il allait, — disait-il, reporter à l'un de ses clients un pantalon qui lui avait été confié dans un but de restauration importante.

Aussitôt que je me trouvai seule avec ma mère, j'essayai de la consoler :

— Eh bien, — m'écriai-je, — il ne faut pas se faire de mauvais sang comme ça, m'man... — Si les directeurs ne veulent plus me faire jouer, je ne jouerai plus et tout sera dit.

— Tout sera dit, malheureuse ! ! — répéta ma mère en me regardant d'un œil furibond.

— Dame ! — il me semble, — balbutiai-je.

— Il te semble mal ! ! — Si tu ne joues pas la comédie, à quoi donc passeras-tu ton existence, s'il te plait ?

— Je ferai autre chose.

— Quoi ?

— Il ne manque pas de bons métiers dans Paris.

— Lesquels ?

— Je me *mettrai* fleuriste, — ou couturière, — ou blanchisseuse de fin. — En travaillant bien dans ces états-là on peut gagner jusqu'à trois francs par jour, ce qui est joli.

Ma mère frappa du pied, — puis elle leva simultanément la main et les yeux vers le ciel, avec un geste pathétique qui aurait fait le plus grand honneur à une tragédienne de profession.

— Ah ! Dieu de Dieu ! ! — s'écria-t-elle avec véhémence après avoir laissé à cette première émotion le temps de se calmer quelque peu, — Dieu de Dieu ! ! — est-il bien possible que ce soit mon enfant que j'entende ! ! ma propre enfant ! ! — Quel manque de tact, de délicatesse et de dignité dans les goûts ! ! — Fleuriste !... Blanchisseuse !... Couturière !..
— Voilà donc les états qu'elle rêve, la petite malheureuse, et elle ose l'avouer ! ! — Mais, fille dénaturée, fille ingrate, tu ne comprends donc pas que tu es née pour les destinées les plus hautes et les plus brillantes ! !
— Tu ne sais donc pas que tu dois un jour nager dans l'or et les perles fines ! ! — que tu auras des remises, avec des voitures à ressorts ! — des écuries, avec des chevaux dedans ! ! — des laquais galonnés, en culottes

courtes et en faux mollets!! — sans compter le reste! — Tu ne sais donc rien de tout cela? — Est-ce que tu te figures par hasard que de jolies petites mains comme les tiennes peuvent faire des métiers ignobles? — Plus souvent!! — Je te dis, Tullia, que tu seras reine!!

— Reine de théâtre... — répliquai-je en riant.

— Et ce sont les vraies... — ce sont les plus riches et les plus heureuses... et, tant qu'elles sont jeunes et belles, elles n'ont pas de révolutions à craindre, celles-là!! — Les autres n'en pourraient point dire autant!... — Oui, une grande actrice est une reine... et tu seras une grande actrice, quand tu seras grande.....

— Vous voyez, cependant, que les directeurs ne veulent pas de moi...

— Parce que tu es une petite fille... mais ça changera dans quelques années?...

— Oui, mais d'ici-là j'aurai oublié ce que je sais.

— Nous y mettrons ordre...

— Comment?

— Puisque nous ne pouvons pas faire autrement, acceptons les propositions de M. Comte.

— Vous avez dit que ce serait m'enterrer.

— Je l'ai dit... je l'ai dit parce que j'espérais mieux... — Tu sais le proverbe : — *Faute de grives, on mange des merles!!* — Les grives nous manquent, mangeons des merles... — C'est un théâtre d'enfants, mais enfin, c'est un théâtre... — Allons, remets vite ton chapeau, — nous allons passage Choiseul.

Monsieur le physicien du roi nous reçut à merveille, et ne se fit point prier pour signer l'engagement.

Seulement, — en homme habile qu'il était, — il devina que puisque nous revenions les premières après avoir, si peu de temps auparavant, repoussé ses propositions, c'est que nous avions absolument besoin de lui, et il ne donna plus que soixante francs par mois au lieu de soixante et dix.

En revanche il me fit force compliments, — me dit qu'il m'avait vu jouer, — qu'il me trouvait des dispositions merveilleuses, — qu'il me prédisait un brillant avenir; — il me cita les noms de toutes les artistes qui, après avoir commencé chez lui, étaient devenues les étoiles des autres théâtres, — et enfin il m'annonça qu'il allait commander à ses auteurs attitrés une pièce de début, et qu'il tiendrait la main à ce qu'on me fît un rôle magnifique, étincelant, dans lequel je ne pourrais manquer d'obtenir un succès de première grandeur.

Ensuite, fidèle à l'innocente manie qu'il avait de faire de la *direction paternelle*, M. Comte me prit par la main et me conduisit sur son théâtre afin de me le faire visiter dans tous ses détails.

Certes, la scène de Belleville ne pouvait en aucune façon rivaliser avec celle de la porte Saint-Martin ou du Cirque; mais enfin, elle était de grandeur raisonnable.

Celle du théâtre de M. Comte me parut de proportions tellement exiguës qu'il me sembla que, toute petite que je fusse, je toucherais les coulisses des deux côtés à la fois avec mes coudes, à chaque geste.

Enfin, — selon l'opinion maternelle, — il valait encore mieux jouer là que de ne pas jouer du tout.

M. Comte nous donna des billets pour la représentation du soir, et nous partîmes, enchantées de lui.

Six semaines plus tard, je débutais dans un vaudeville en trois actes, fait exprès pour moi et intitulé : *la Poupée de l'Infante.*

Je jouais le rôle de la *Poupée*, — une poupée, bien entendu, qui marchait et qui parlait tout comme une personne naturelle.

Mes débuts furent un triomphe. — Le vaudeville, grâce à moi, fit quelque argent. — Divers pensionnats vinrent en masse m'applaudir et les feuilletons de plusieurs journaux parlèrent de moi, — ce qu'ils n'avaient pas fait tant que j'étais restée à Belleville.

Ma mère nageait en plein enthousiasme, et ne cessait de me répéter : — Vois-tu, mon enfant, je savais bien, moi !! — le vrai talent finit toujours par percer ! !...

Il fallait alors que le mien fût d'une qualité singulièrement douteuse, — car, s'il perça, il ne perça guère.

On s'occupa quelque peu de moi pendant quelques semaines, puis personne ne songea plus au petit prodige, excepté les rares habitués du passage Choiseul, et ces habitués composaient un public assez médiocrement connaisseur.

XII

L'ITALIEN

Plusieurs années s'écoulèrent, pendant lesquelles j'achevai d'être *enterrée* si bien et si complétement que, certes, personne au monde ne se doutait plus de mon existence.

Je jouais la comédie presque tous les soirs, — si toutefois les pièces de ce théâtre pouvaient s'appeler des comédies, — et pourtant je n'apprenais rien, non-seulement comme art, mais encore comme métier.

Je dirai plus! — mes qualités natives s'étiolaient et se perdaient peu à peu. — Je devenais une sorte de petite marionette, maniérée et grimaçante, disant tout de la même manière uniformément fausse.

Cependant, — pour me servir d'une expression triviale qui rend parfaitement ma pensée, — *on me mettait à toutes sauces.*

Je jouais tour à tour des rôles comiques et des rôles dramatiques, — des ingénues et des grandes coquettes, — des duègnes et des travestis, — je figurais dans les pantomimes, — je chantais des chansonnettes, — je dansais dans les ballets, — enfin, jamais *utilité* ne se rendit plus utile.

Mais, encore une fois, j'aurais pu faire ce métier jusqu'à ma vieillesse la plus reculée sans devenir une comédienne. — On me demandait de la mémoire et de l'exactitude, voilà tout, et j'en arrivais à penser que l'intelligence était la chose du monde dont on pouvait le mieux se passer au théâtre.

On sait ce que c'est que le théâtre. — On n'ignore pas que les trois quarts des comédiennes, — ou soi-disant telles, — considèrent leur profession comme un simple détail.

Eh bien! les mœurs de ces dames sont presque vertueuses à côté de ce qu'étaient celles des théâtres d'enfants, qui, grâce à Dieu, n'existent plus aujourd'hui.

Ces théâtres d'enfants, il faut bien le dire, étaient des bourbiers, des fumiers, des égouts, — tout ce qu'on pouvait imaginer de pire et de plus immonde.

Je me trouvais là à une triste école, et malheureusement mon esprit actif, mon imagination vive, ne s'assimilaient que trop bien les funestes enseignements qui m'entouraient.

Je n'ai point la prétention de me poser en moraliste, et cependant je crois devoir passer une foule de détails qui ne sont point indispensables pour me faire comprendre, et qui soulèveraient un dégoût pareil à celui que je ressens moi-même quand ces souvenirs se présentent à moi.

Contrairement aux autres enfants, mes camarades de théâtre, qui, une fois qu'ils avaient mis le pied sur les planches et respiré les vapeurs délétères des coulisses et de la rampe, cessaient de grandir et s'étiolaient de manière à paraître, à dix-huit ans, de petits vieux et de petites vieilles, je me développais, moi, comme si j'avais vécu au milieu des champs, en plein soleil et inondée d'air pur.

Ma nature vigoureuse était de celles qui résistent à tout et arrivent quand même à toute la splendeur de leur croissance.

Un peu avant d'atteindre ma quinzième année, je n'étais plus une petite fille, j'étais une jeune fille grande et svelte, brune et souple comme une Italienne ou comme une Espagnole, avec ces yeux que tout Paris connaît et ces cheveux noirs qui me font encore, quand je les dénoue, *ce manteau de roi* dont parle Musset.

Décidément le sang de Catilina qui coulait dans mes veines se manifestait et je lui faisais honneur. — J'avais de la race jusqu'au bout des ongles.

Un jour, — c'est-à-dire un soir, — au moment où je venais d'entrer en scène, je vis en face de moi, aux stalles d'orchestre — les fauteuils n'existaient point dans ce temps-là, — je vis, dis-je, un personnage qui produisit sur moi l'impression la plus désagréable et la plus répulsive.

L'ensemble du spectateur me frappa tout d'abord, ainsi que la persistance avec laquelle il braquait sur moi, sans relâche, le double canon de sa lorgnette énorme. — Les détails m'échappaient, car, tant que dura le vaudeville, il me fut impossible de l'examiner à loisir; — d'ailleurs je baissais les yeux malgré moi, et je me sentais rougir involontairement sous le regard fixe et pénétrant de cet homme.

Enfin la toile tomba.

Je ne quittai point la scène et je collai mon œil au trou du rideau, afin de détailler à mon tour le spectateur dont je viens de parler, et de voir si réellement il y avait en lui quelque chose qui justifiât le dégoût instinctif et l'involontaire répulsion que j'éprouvais.

Il était toujours à la même place, seulement il avait déposé sa jumelle à côté de lui et il lisait un journal du soir.

C'était un vieillard de soixante ans environ, petit, un peu bossu, et la tête enfoncée dans ses épaules inégales.

Des plaques rougeâtres, bizarrement réparties, zébraient çà et là son visage blafard et soigneusement rasé, et son front qui semblait verni.

Ses yeux gris et très-brillants clignotaient sans cesse sous ses paupières rouges presque dépourvues de cils.

Son crâne proéminent et bossué était chauve, seulement, de chaque côté des oreilles, se voyaient deux mèches de cheveux d'un gris verdâtre, qu'il ébouriffait toutes les trois minutes et ramenait avec obstination vers le haut de la tête pour en déguiser tant bien que mal la calvitie.

Mais ces mèches ne se prêtaient point à la destination qu'on voulait leur imposer et retombaient avec obstination sur les tempes, dressant à demi leurs pointes en façon de cornes de bouc.

Ce bizarre spectateur était vêtu avec une prétention et une richesse singulières et d'un goût plus que douteux.

Son pardessus de drap blanc, aux revers de satin ouverts largement, laissait voir un habit bleu à boutons de métal et un gilet de velours noir dont chaque bouton était un diamant monté sur émail.

Trois gros diamants fermaient le plastron brodé et bouillonné de sa chemise.

Une épingle de diamant attachait sa cravate de satin d'un bleu saphir.

Une énorme chaîne d'or, constellée de diamants, serpentait sur le velours du gilet.

Enfin, sa main gauche dégantée, courte et large, d'une forme canaille, laissait voir à ses doigts spatulés des bagues éblouissantes de diamants.

Tel était le personnage qui m'avait lorgnée avec tant de persévérance. Je n'avais jamais rien vu d'aussi laid, et surtout d'aussi étrange. Je ne pouvais détacher de lui mes yeux, et il produisait sur moi l'effet d'une repoussante *curiosité* japonaise.

Tout à coup je sentis une main légère se poser sur mon épaule nue.

Je tressaillis, et, me retournant vivement, je vis à mes côtés une de mes camarades de théâtre, — un peu plus âgée que moi, — assez jolie, blonde, et qui se nommait Hortense.

— Qu'est-ce que tu regardes donc là depuis un quart d'heure ? — me demanda-t-elle.

— Un monsieur.

— Jeune et beau ?

— Vieux et laid.

— Ah ! bah !

— Oh ! mais laid, ma chère, — continuai-je, — comme les sept péchés capitaux !!!...

— Laisse-moi voir ce monsieur.

— Bien volontiers... — Prends ma place.

Hortense s'installa au trou du rideau.

— Où est-il ? — me demanda-t-elle.

— Au second rang des stalles d'orchestre. — D'ailleurs tu ne peux pas t'y tromper, il est saupoudré de diamants et brille plus qu'une escarboucle.

Hortense ne jeta qu'un regard dans la salle et se redressa aussitôt.

— Ah ! fit-elle, — c'est lui ! — Je m'en doutais.

— Tu le connais ? — demandai-je vivement.

— Qu'est-ce qui ne le connait pas à Paris ?

— Moi, d'abord...

— Eh bien, ma chère, c'est le fameux Guiseppe Scarlati.

Ce nom ne m'apprenait rien... — Je l'avouai à Hortense.

— Guiseppe Scarlati, le célèbre marchand d'eau de Cologne !... Une célébrité, s'il en fut !...

— Célèbre ?... Pourquoi ? — Pas pour avoir vendu de l'eau de Cologne, je suppose ?

— Pas précisément... mais pour avoir gagné dans ce commerce une dizaine de millions, et surtout pour l'usage qu'il fait de cette fortune.

— Quel usage ?

Au lieu de me répondre, Hortense me questionna.

— Y a-t-il longtemps qu'il est là ? — dit-elle.

— Depuis le commencement du spectacle.

— Tu jouais dans la première pièce ?

— Oui.

— Avec qui ?

— Avec Henriette, Marie, Victorine et Julie.

— A-t-il paru remarquer une de vous ?

— Oui.

— Serait-ce toi, par hasard ?

— Mon Dieu oui !... — Sa grosse jumelle était sans cesse braquée sur moi...

— Eh bien, ma chère, comme je t'aime beaucoup je souhaite que tu ne te sois pas trompée... Il est aussi généreux qu'il est riche... il fait des folies pour les femmes... et si Scarlati m'avait regardée comme tu prétends qu'il l'a fait pour toi, je te réponds que ses diamants auraient bien vite changé de propriétaire.

— Quoi ! tu l'aimerais ?

— Jamais de la vie !... Je lui permettrais de m'aimer, ce qui n'est pas la même chose...

— Mais il est vieux !

— Qu'est-ce que ça me fait ?

— Il est affreux !

— C'est un détail...

— Il est bossu !

— Tant mieux.

— Voilà de vilaines idées ! — m'écriai-je.

— Point romanesques, assurément, mais raisonnables et pratiques au plus haut point... — Je suis une femme sérieuse. — Je songe à l'avenir, ma petite...

— Eh bien, moi, ni pour or, ni pour argent, je ne voudrais de ce magot !...

— Ta ! ta ! ta ! — Tu dis cela en ce moment... — non-seulement tu le dis, mais tu le penses... — Eh bien, que Guiseppe se présente et te fasse la cour, et tu ne le trouveras plus ni si vieux, ni si laid, je t'en réponds...... — Sa bosse elle-même te semblera jolie quand tu songeras qu'elle est pleine d'or.—Le langage de l'Italien te fera complétement oublier son plumage ! Les millions ont tant d'éloquence ! ! !

Hortense allait continuer sans doute, mais la cloche annonça que la seconde pièce commencerait dans quelques minutes. — Le régisseur cria : — PLACE AU THÉATRE ! et la conversation fut interrompue.

VIII

L'OUVREUSE DE LOGES

Il me paraît tout à fait invraisemblable que mes lecteurs n'aient jamais entendu parler de certain Anglais, fabuleusement riche, — qui avait parié dix mille livres sterling, contre un de ses compatriotes, que le célèbre dompteur Carter serait étranglé et dévoré un jour ou l'autre par un de ses lions ou par un de ses tigres, en pleine salle de spectacle et pendant le cours d'une de ses représentations.

Or l'Anglais, désireux de gagner son pari, accompagnait partout la ménagerie, s'arrêtait dans chaque ville où elle s'arrêtait, et ne manquait jamais d'envoyer son valet de chambre retenir pour lui l'avant-scène ou la loge la plus rapprochée de la scène, afin d'assister, *de visu*, au premier coup de griffe et au premier coup de dent donnés par les fauves pensionnaires dans la chair palpitante du dompteur.

Carter, étonné d'abord de voir l'étrange figure de cet original le poursuivre avec un acharnement sans pareil, s'était informé, et, d'informations en informations, de renseignements en renseignements, avait fini par être mis au fait du pari sanguinaire auquel il devait donner par sa mort une épouvantable conclusion.

A partir de ce moment, — et la chose se comprend, ce me semble, sans difficulté, — la longue et blafarde figure de l'Anglais, couronnée de cheveux rougeâtres et rares, et encadrée dans les touffes de ces favoris raides et hérissés dont les fils d'Albion ont seuls le secret, cessa de lui paraître ridicule pour lui sembler terrible.

Ce cou osseux et long, — ce col de chemise empesé et dur comme du carton, guillotinant de larges oreilles violacées, — ces épaules anguleuses trop à l'aise dans un habit large, — tout cet ensemble grotesque prit pour lui les proportions sinistres d'une apparition de l'autre monde.

L'Anglais parieur devenait une hallucination véritable, — un démon mystérieux, — un vampire à jeun, n'attendant que l'heure fatale pour se gorger de son sang tout chaud.

Eh bien, à partir de la soirée où j'avais remarqué pour la première fois Giuseppe Scarlati, l'Italien joua pour moi le rôle que l'Anglais excentrique jouait pour le dompteur Carter.

Toutes les fois que mon nom était sur l'affiche, l'ex-marchand d'eau de Cologne, au moment où le rideau se levait pour la pièce dans laquelle je paraissais, s'installait dans une petite avant-scène du rez-de-chaussée du côté gauche, faisait retomber avec bruit le grillage qui fermait cette avant-scène quand elle était vide, et, pendant toute la durée de l'acte, attachait sur moi ses yeux ronds dont il me semblait distinguer les prunelles glauques à travers les verres grossissants de sa jumelle d'ivoire.

On ne saurait se faire une idée d'un semblable cauchemar.

Aussitôt que la pièce était finie, Giuseppe Scarlati quittait le théâtre et ne reparaissait plus de la soirée.

Donc, ce n'était point pour le spectacle qu'il venait, — c'était pour moi, rien que pour moi...

Un jour, par une erreur de l'imprimerie, mon nom fut omis sur l'affiche, et cependant je jouais.

L'italien ne vint pas.

Ce manége était beaucoup trop remarquable pour ne pas être remarqué ! — Ce fut bientôt la grande nouvelle du théâtre. — Toutes mes compagnes me parlèrent de la conquête que je venais de faire et m'accablèrent de félicitations railleuses, sous lesquelles se dissimulait mal une profonde jalousie.

Hortense, seule, y mettait plus de franchise.

A quelque moment qu'elle me rencontrât, dans la journée ou le soir, — aux répétitions ou aux représentations, — elle ne cessait de me répéter :

— Ah ! si j'étais à ta place !...

— Mais il me fait horreur, ton infâme Italien !... m'écriais-je avec impatience, presque avec colère ; — j'aimerais mieux être enterrée vive que de lui permettre de m'embrasser le bout des doigts !...

— Bah ! — répliquait Hortense, en haussant les épaules, — c'est un lingot d'or que cet homme-là, et un lingot d'or est toujours beau !!!

Cette manière de voir, grâce à Dieu, n'était point la mienne.

Malheureusement, il y avait auprès de moi quelqu'un qui partageait d'une manière absolue l'opinion d'Hortense.

Ce quelqu'un, c'était ma mère.

J'ai négligé, — je crois, — de dire qu'elle s'était fait donner par M. Comte les fonctions d'habilleuse que nous l'avons vue remplir avec tant de distinction au théâtre de Belleville.

Habiller des comédiennes, — fussent-elles des comédiennes de douze ans, — était un des besoins de son existence.

Un soir, j'allais entrer dans une espèce de loge que le directeur avait mise à ma disposition en ma qualité de premier sujet, — mais, au moment d'en franchir le seuil, j'entendis deux voix, celle de ma mère et celle d'une abominable vieille, mam'e Rondier, cumulant les attributions d'ouvreuse de loges avec d'autres qu'elle exerçait à la ville.

Je devinai qu'il devait être question de moi; je m'arrêtai, je prêtai l'oreille et j'assistai incognito à un odieux entretien dont, par respect pour moi-même et aussi pour mes lecteurs, je ne reproduirai pas un mot.

On ne devinera que trop bien ce qui se dit entre les deux femmes et quelle fut la conclusion du dialogue.

IX

LUTTE

Au bout d'un quart d'heure, l'entretien pouvait se considérer comme fini; — il ne me restait, du moins, plus rien à apprendre.

D'une minute à l'autre madame Rondier allait sortir sans doute; — je ne voulais pas être surprise par elle écoutant.

Je reculai de cinq ou six pas; — je me mis à fredonner un couplet, comme on fait *à la cantonade* pour préparer une entrée; — j'ouvris la porte, et je dis :

— Vite, vite, maman, — allez vite !! — Voici que le premier acte finit; — je ne suis pas du second, mais Hortense doit avoir besoin de vous pour faire son changement...

— J'y vole... — répliqua ma mère.

Et elle s'élança pour quitter la loge ; — mais, au moment de franchir le seuil, elle se retourna et me jeta ces mots :

— Comment, tu ne dis pas bonsoir à cette bonne m'ame Rondier!! — Sois gracieuse avec cette chère amie, ma petite, très-gracieuse, elle te veut beaucoup de bien...

Ayant ainsi parlé, elle sortit.

L'ouvreuse de loges reprit au bond la phrase interrompue de ma mère.

— Oui, mon amour, — s'écria-t-elle, — je vous en veux, du bien !... je vous en veux joliment!!... et je vous le prouverai, et même plutôt que vous ne le pensez, ma petite... — Mais c'est qu'elle est gentille à croquer ! Allons, venez me baiser, poulette...

Cette invitation me laissa parfaitement insensible... je ne m'avançai point vers madame Rondier.

Elle vint alors à moi, en riant d'un rire de crécelle, et elle me passa ses pattes longues maigres et crochues autour du cou, en disant :

— Si pourtant c'était un jeune et joli garçon qui nous demandât un *béquot*, nous ne nous ferions pas tant prier, hein, cocotte?...

Tout en parlant elle se penchait vers moi et voulait m'appuyer ses lèvres flétries sur le front.

Le contact des mains de l'horrible vieille m'était odieux ; — sa bouche édentée me faisait horreur ; — je me reculai vivement.

A coup sûr ce dégoût manifeste la blessa au vif ; — elle cessa aussitôt de rire, et me dit d'une voix sèche et dure, et avec le tutoiement d'une familiarité grossière et insultante :

— A ton aise, méchant moucheron, — mais je te préviens que tu ne feras pas toujours autant la pécore ! — Un jour viendra où t'auras besoin de m'ame Rondier, et p'tet-ben qu'ce jour-là m'ame Rondier t'enverra promener... — En attendant, je vas dire à la mère Ulysse qu'elle te fiche le fouet en rentrant... — Souviens-toi de ça, cigogne de quat' sous !!...

Mes lecteurs comprendront sans peine que lorsqu'on a quinze ans et qu'il y en a huit ou neuf qu'on vit sur les planches, on n'est pas embarrassé pour répondre à une insolence par une autre insolence, et que ce n'est point précisément par la distinction qu'on brille.

Je regardai l'ouvreuse de loges entre les deux yeux, et je répliquai, de mon organe le plus criard :

— M'ame Rondier, nous avons encore du temps d'ici au jour de l'an... — Je vas économiser sur mes appointements afin de vous donner pour vos étrennes un beau manche à balai tout neuf... — Ça vous sera commode pour aller au sabbat !!

— Joli sujet !! — s'écria la vieille.

Et elle s'en alla en grommelant et en gesticulant.

Je me glissai derrière elle dans les coulisses, afin de voir si elle allait réellement retrouver ma mère et se plaindre de moi.

Il n'en fut rien.

Elle ouvrit la porte de communication qui du théâtre donnait dans la salle, et elle retourna à son poste.

Le spectacle s'acheva.

Je repris mes habits de ville, et, ma mère et moi, nous nous dirigeâmes vers la rue de Bondy, en passant comme de coutume par la rue de Choiseul et les boulevards.

Chemin faisant je gardais le silence; — j'étais curieuse de voir de quelle façon s'y prendrait ma mère pour me disposer à prêter ma collaboration à ses beaux projets, et je voulais lui laisser entamer l'entretien selon sa fantaisie.

Tous ces raisonnements peuvent sembler peu vraisemblables de la part d'une enfant de quinze ans...

Mais il ne faut pas oublier que cette enfant était déjà une vieille comédienne, — vierge de corps, mais rouée d'esprit comme un hussard de vingt-cinq ans.

A vrai dire je n'ai jamais eu d'enfance, et c'est là une des choses les plus tristes, les plus lamentables, qu'une femme puisse trouver dans ses souvenirs quand elle regarde vers le passé...

Nous n'avions point fait cinquante pas hors du passage, que ma mère commençait à démasquer ses batteries, batteries fort ingénieuses ainsi que vous allez le voir.

Il était onze heures à peine.

Beaucoup de magasins restaient encore ouverts, — étalant des meubles splendides, — de riches bijoux, — des étoffes merveilleuses.

D'habitude, ma mère passait devant ces magasins sans s'arrêter, et si je ralentissais le pas pour jeter un regard de curiosité sur toutes ces belles choses, elle me rappelait brusquement que nous n'avions pas de temps à perdre et qu'il était l'heure de se coucher.

Ce soir-là, sa façon d'agir fut diamétralement opposée ; — elle me fit faire d'interminables stations devant chaque bijoutier, — devant chaque magasin de nouveautés.

— Comment trouves-tu ce collier ? — demandait-elle.

— Très-beau.

— Et ces bracelets ?

— Superbes.

— Et cette broche de diamants ! ! — C'est cela qui brille ! ! — c'est cela qui rend les femmes jolies, et qui fait que tout le monde les envie quand elles passent !...
— Voudrais-tu des diamants, Tullia ?

— Mais je le crois bien, que j'en voudrais ! !

— Qui sait, — tu en auras peut-être bientôt... — c'est souvent au moment où on l'attend le moins qu'arrive la fortune...

Un peu plus loin, nouvelle station, mais cette fois devant des étoffes. — Nouvel examen, — nouvelles questions :

— Comment trouves-tu cette robe rose ?

— Elle est bien jolie.

— Et cette étoffe Pompadour, à larges raies vertes et blanches, brochée de fleurs si brillantes qu'elles semblent naturelles ?...

— Je n'ai rien vu de plus charmant...

— Sais-tu que cette étoffe-là doit coûter au moins de quarante-cinq à cinquante francs le mètre ?...

— C'est bien possible... vous vous y connaissez mieux que moi...

— Voudrais-tu une robe comme celle-là, Tullia ?

— Certainement. — D'abord, moi, je voudrais n'avoir qu'à choisir dans toutes les robes de tous les magasins...

— Pour cela il faudrait être terriblement riche !...
— Aimerais-tu à être riche ?

— Quand on est riche on est toujours heureux, n'est-ce pas ?

— Toujours, puisqu'on n'a qu'à se donner la peine e désirer, et qu'on ne se refuse jamais rien...

— Alors, tout le monde aime la fortune, et je suis comme tout le monde...

— Et si l'on te disait qu'il ne tient qu'à toi d'avoir assez d'argent pour satisfaire tes moindres caprices ?

— Si on me disait cela ?

— Oui. — Que répondrais-tu ?

— Je répondrais que j'accepte... Mais on ne me le dira pas...

— Tu te trompes, car je te propose une fortune...

— Vous, maman ?

— Oui, moi, — et une grande fortune encore...

— Plaisantez-vous ?

— Pas le moins du monde.

— Et d'où viendrait-elle, cette fortune ?

— Peu importe, pourvu qu'elle soit à ma disposition pour te la donner.

— Au fait, vous avez raison... — dis-je en riant, — prenez-la où vous voudrez... — je tendrai les deux mains et j'accepterai les yeux fermés... — je vous livre toutes les poches, excepté...

J'interrompis ma phrase à dessein.

— Excepté ? — répéta ma mère.

— Excepté celles de M. Giuseppe Scarlati... — poursuivis-je.

Ma mère me regarda avec stupeur.

— Que veux-tu dire ? — balbutia-t-elle.

— Vous le savez aussi bien que moi, ce que je veux dire...

— Non, en vérité, je ne le sais pas...

— A quoi bon jouer plus longtemps la comédie avec moi, maman ? — c'est tout à fait inutile, je vous assure... — J'ai entendu, d'un bout à l'autre, votre conversation avec m'ame Rondier, dans ma loge...

— Ah ! — fit ma mère avec une légère nuance d'embarras, — ah ! tu as entendu ?...

— Mon Dieu, oui.

— Tu écoutais donc à la porte ?

— Parfaitement, et sans le moindre scrupule.

— Eh bien ! ma foi, j'aime autant cela... — ça m'évitera la peine de *tourner autour du pot*, avec toi, pendant deux heures.

Ma mère avait repris toute son assurance.

— Puisque tu sais de quoi il s'agit, — poursuivit-elle, — l'affaire est arrangée d'avance...

— Oh! — m'écriai-je, — parfaitement arrangée...

— Tu dis, oui?

— Je dis, non!... et plutôt cent fois qu'une.

— Ah! ça, mais tu es folle!!

— Pourquoi?

— Parce qu'on n'a jamais vu une péronnelle de ton âge en si belle passe de commencer sa fortune, et que, si tu manquais par ta faute une pareille occasion, tu mériterais de passer le reste de ta vie à croupir dans la misère...

— Laissez-moi donc tranquille!! — répliquai-je, — je sais bien que si je dois être riche un jour, ce sera par d'autres moyens que ceux-là et sans que vous vous en mêliez...

— Comment? comment?... sans que je m'en mêle?

— Oui, car j'aimerais mieux croupir dans la misère toute ma vie, ainsi que vous le disiez tout à l'heure, que d'accepter l'argent d'un infâme vieillard qui me fait horreur... — Ah! fi!... c'est hideux!!

— Prends garde, malheureuse!... prends garde!... tu vas manquer de respect à ta mère!!

— Avec ça qu'elles sont respectables les jolies propositions que vous venez de me faire!!...

Ces paroles, — et surtout mon refus, — mirent ma mère dans un état de complète exaspération.

Elle leva sur moi la main.

7.

— Ne me touchez pas ! — lui dis-je d'une voix sourde ; — si vous me touchez, je crie !...

Nous nous trouvions en ce moment au milieu de la foule sortant du théâtre de la Porte-Saint-Martin dont nous approchions.

Sans doute ma mère n'osa point affronter le scandale d'un esclandre public.

Peut-être aussi se souvint-elle du proverbe : — *On ne prend pas les mouches avec du vinaigre !...*

Toujours est-il qu'elle ne laissa pas retomber sa main sur moi, et qu'elle ne m'adressa plus la parole jusqu'au terme de notre course, qui n'était plus éloigné car nous ne tardâmes guère à dépasser l'Ambigu et à arriver à la hauteur du n° 22 de la rue de Bondy.

C'était au n° 22 que nous demeurions.

Là nous attendait un incident des plus étranges, des plus imprévus, qui devait brusquement changer le cours des idées de ma mère.

X

UN EXPLOIT DE LORIOT

Nous arrivâmes en face de notre maison et nous vîmes, avec un extrême étonnement, que la petite porte pratiquée dans un des vantaux de la porte cochère était ouverte largement et assujettie à l'intérieur par le crochet qui l'empêchait de se fermer.

Ceci, — à une pareille heure, — constituait un fait absolument anormal.

— Ah! par exemple, — s'écria ma mère, — *en voilà une sévère!!* — La maison ouverte à minuit, ni plus ni moins qu'une grange!! — Brigand de Loriot!! il n'était qu'imbécile, le voici devenu idiot!! — Il va se faire casser aux gages par le propriétaire, et il ne l'aura pas volé!...

Nous entrâmes.

Ma mère détacha le crochet et referma la porte derrière elle.

La lumière venant de la rue se trouva interceptée, et nous nous aperçûmes seulement alors qu'une obscurité complète régnait sous la voûte, le quinquet placé à côté de la loge n'ayant point été allumé.

— De plus fort en plus fort ! — grommela ma mère. — Brigand de Loriot ! !

La loge se trouvait à l'extrémité de la voûte, tout près de la cour. On y accédait par un escalier de deux marches.

Aucune lumière, — pas même celle d'une veilleuse, — ne brillait dans cette loge.

— Le malheureux, pris de vin sans doute, est couché et endormi ! ! — continua ma mère. — Je vais le réveiller, moi, et le relever du péché de paresse ! !

Elle voulut ouvrir et entrer.

Mais, si la porte de la rue était trop ouverte, celle de la loge était trop fermée. — Elle résista.

— Loriot ! ! — appela ma mère d'une voix tremblante d'impatience, mais contenue à dessein cependant, afin de ne pas troubler les locataires dans leur premier sommeil. — Loriot !...

Pas de réponse.

— Loriot ! ! — répéta-t-elle d'un ton plus élevé.

Même silence.

Ma mère, alors, frappa à la porte, — doucement d'abord, — puis plus fort, — puis très-fort.

Les échos de la maison répétèrent le bruit en le doublant, — en le triplant, — en le quadruplant... — Mais ce fut tout...

La fameuse scène de *Passé Minuit* se renouvelait.

Ma mère passait, par gradations rapides, de l'impatience à la colère et de la colère à la fureur.

Bientôt elle en arriva à ne pouvoir plus se contenir ; et alors elle frappa des pieds et des mains contre la malheureuse porte, menant un vacarme infernal et criant tout du haut de sa tête, à pleins poumons :

— Loriot ! Loriot !... Ouvriras-tu, à la fin ?... Veux-tu bien ouvrir, misérable !!

Déjà l'on voyait poindre des lumières aux étages supérieurs. Déjà plusieurs fenêtres s'ouvraient, des têtes effarées et coiffées de bonnets de nuit se montraient, des voix se croisaient dans l'espace, demandant la cause de ce tapage insolite.

— J'appelle Loriot, — répondit ma mère. — Je veux rentrer, et j'en ai le droit !! — Il faut que Loriot soit *en apoplexie foudroyante*, pour que Loriot ne m'ouvre pas !...

Et elle continuait à frapper.

Enfin, un troisième personnage parut sur le lieu de la scène.

Ce personnage était une blanchisseuse qui demeurait au rez-de-chaussée, et qui vint nous rejoindre en camisole et en jupon, pieds nus dans ses pantoufles.

— Oh ! ma chère dame, — dit-elle à ma mère, — ne faites pas tout ce bruit, pour l'amour de Dieu !... — Votre mari ne vous ouvrira point...

— Et pourquoi donc ça, s'il vous plaît? — demanda ma mère.

— Pour la meilleure de toutes les raisons...

— Est-ce qu'il est mort?

— Je ne crois pas, mais il est sorti.

— Sorti! Loriot sorti!! — C'est impossible!...

— Je ne sais point si c'est impossible, mais c'est comme ça...

— Vous en êtes sûre?

— Comme je le suis de vous voir là en personne véritable et naturelle...

— Et depuis quand est-il sorti, ce monstre d'homme?

— Depuis six heures du soir.

— Allons donc!...

— C'est comme j'ai l'avantage de vous le dire...

— Mais, la loge? — qui donc a gardé la loge?

— Elle s'est bien gardée, ma foi, toute seule... — Votre mari a fermé la porte et mis la clef dans sa poche... — J'étais là... je l'ai vu... même que je lui ai dit: — *Où donc que vous allez comme ça, m'sieu Loriot?* et qu'il m'a répondu: — *Eh! eh! voisine, je vas faire un petit tour... Faut bien se donner un peu d'agrément sur la terre...* — Et là-dessus il s'en allé... — Vous comprenez que, depuis six heures à dix heures où je me suis couchée, il est venu plus de cinquante personnes, et de soixante aussi, pour les locataires... — Et des commis qui apportaient des paquets, — et les facteurs de la poste... — J'ai répondu à tout le monde, — j'ai pris les paquets, — j'ai reçu les lettres... — entre voisins, ça se doit et ça se fait ; mais, à part moi, je me suis dit : — *M'sieu Loriot court la pretentaine!... Ça n'est pas très-joli, à son âge!...* — sans compter qu'on pourra bien se plaindre au propriétaire, attendu que, dans les maisons, on n'aime pas beaucoup les portiers qui se dérangent...

Ma mère n'avait pas interrompu une seule fois cette longue tirade. — Elle était atterrée, complétement atterrée.

L'absence du coupable Loriot pendant six heures consécutives bouleversait toutes ses idées et faisait bouillonner dans son cerveau une foule de conjectures et de suppositions incohérentes et contradictoires.

— Cependant, — murmura-t-elle au bout d'un instant, — nous ne pouvons passer la nuit dans la cour!...

— M'sieu Loriot va peut-être rentrer...— répondit la voisine en manière de consolation.

— Peut-être! — répéta ma mère, — peut-être!!... Ah! le brigand!! si je le tenais!...

— Oui, mais vous ne le tenez pas...

— Comment faire ?

— Voulez-vous savoir mon idée ?...

— Certainement.

— Eh bien, allez réveiller le serrurier qui demeure en face de l'entrée des artistes de la Porte-Saint-Martin... il vous ouvrira la porte...

— Voudra-t-il se déranger, à pareille heure ?

— Vous lui promettrez cent sous, et il viendra...

— Cent sous ! — murmura ma mère avec un profond soupir. — Ah! gueux de Loriot!... Enfin, puisqu'il le faut, allons...

Il s'agissait de sortir de la maison.

Nouvelle difficulté !...

Impossible de tirer le cordon pour ouvrir la petite porte. Il fallut enlever toutes les barres de fer et tous les verrous de la grande, et en écarter les deux battants comme pour le passage d'une voiture.

Le serrurier de la rue de Bondy, décidé par l'appât d'une pièce de cent sous, se leva et vint avec les outils.

Deux minutes après la loge était ouverte, et ma mère avait cinq francs de moins dans sa poche.

La complaisante voisine nous donna de la lumière et nous pûmes entrer chez nous.

Le premier coup d'œil jeté par ma mère autour d'elle lui révéla qu'il avait dû se passer des choses prodigieuses.

On eût dit que la loge venait d'être livrée au pillage : aucun objet n'était à sa place ; du linge et des effets de toutes sortes gisaient épars sur le carreau, sur le poêle et sur les chaises.

Ma mère tira de sa poche une petite clef et bondit jusqu'à une antique commode ventrue placée dans un coin, et qui supportait un petit Jésus de cire sous un globe, et deux tasses de porcelaine blanche, dorées, contenant chacune une orange.

Elle ouvrit le second tiroir de ce meuble vénérable, e

elle plongea sa main à trois reprises sous un amas de chiffons et de fragments d'étoffes.

Trois fois sa main reparut vide.

Alors elle saisit le tiroir, l'arracha de ses rainures, vida sur le sol tout ce qu'il contenait, et, s'agenouillant auprès de ce monceau d'objets sans nom et sans usage possible, elle se mit à le fouiller et à le retourner furieusement.

A la voir ainsi accroupie, haletante, respirant à peine, il était impossible de ne pas supposer qu'elle venait d'être prise d'un subit et terrible accès de folie.

Quand elle se releva, elle était livide. — Ses traits décomposés la rendaient méconnaissable.

Elle chancelait, — on eût dit qu'elle allait tomber.

Mais un terrible effort sur elle-même lui rendit son énergie ; elle leva ses deux bras vers le plafond, et elle cria d'une voix étranglée, sifflante, gutturale :

— Volée ! volée !! — Il m'a volée !...

La voisine avait assisté comme moi à cette scène ; — sa curiosité était, comme la mienne, en éveil.

— On vous a volée ? — demanda-t-elle vivement.

— Oui... oui... oui...

— Qui vous a volée ?

— Qui ?... lui... le misérable !!

— Votre mari ?

— Oui... lui... mon mari...

— Il y avait donc de l'argent là?... sous ce linge?... dans ce tiroir?

— S'il y en avait?... — Il y avait... il y avait vingt-deux mille francs...

— Vingt-deux mille francs!! — répéta la voisine stupéfaite, — une si grosse somme!!...

— En billets... en billets de banque... tout... tout ce que je possédais!! — Je le gardais... je ne voulais pas le placer, de peur de le perdre... — Il l'a pris... il a tout pris!... — Qu'on aille chercher la garde... les sergents de ville... la gendarmerie... qu'on l'arrête!! — l'argent était à moi... à moi toute seule...— Au voleur! à l'assassin!! La garde... la garde!... Je vais... je cours... je veux les gendarmes...

Tout en parlant ainsi, — et en proie à un véritable accès de délire, — ma mère voulut s'élancer dehors.

Mais ses forces la trahirent. — Elle tomba anéantie sur une chaise et perdit à peu près connaissance.

Je dis : *à peu près*, car, bien qu'il y eût anéantissement absolu de tout son être, ses lèvres ne cessaient de murmurer :

— Au voleur... à la garde!... — Vingt-deux mille francs... Qu'on l'arrête...

La voisine et moi, nous ne négligeâmes rien de ce qui pouvait contribuer à la ramener à elle-même.

L'une de nous lui bassinait le front et les tempes avec de l'eau fraîche, tandis que l'autre lui faisait respirer du vinaigre.

Ces soins empressés eurent un résultat presque immédiat. — Ma mère ouvrit les yeux, tressaillit, se leva toute droite et s'écria :

— Il faudra bien que je le retrouve ! !

XI

SANS CONTRAT

— Oui... oui... oui... — répéta ma mère avec un redoublement d'énergie. — il faudra bien que je le retrouve!!

— Et comment vous y prendrez-vous pour cela, ma pauv' chère dame? — demanda la voisine officieuse; — vot' gueux de mari est en train de filer bien loin, pour sûr, avec vos vingt-deux mille francs... — D'ailleurs Paris est grand, et, en supposant qu'il y soit resté, il se cachera dans quelque coin et ne viendra pas se promener rue de Bondy...

— Il y a des juges!! — répliqua ma mère; — il y a une police et la guillotine!! — On sait mettre la main sur les voleurs, peut-être bien, puisqu'on en arrête tous les jours!! Je vais chez le commissaire!!

— A cette heure-ci !!

— Il n'est jamais trop tard pour se faire rendre justice...

— Le commissaire sera couché...

— Eh bien, il se lèvera... — oui, je vous réponds qu'il se lèvera pour m'écouter, quand je devrais faire le sabbat à sa porte toute la nuit !!...

— Je vais passer une robe et je vous accompagnerai, — dit la voisine, extrêmement curieuse de connaître sans retard le dénoûment de cette dramatique affaire.

— Je n'ai pas besoin de vous... — répondit ma mère presque brutalement.

— C'est ce qui vous trompe, ma chère dame... — Vous avez besoin de moi qui vous servirai de témoin...

— Venez donc si vous voulez, mais dépêchez-vous...

— Je serai prête en moins d'une demi-minute...

Tandis que la voisine courait s'habiller, ma mère se laissa retomber sur une chaise et s'abandonna au plus violent désespoir.

Tout à coup elle bondit, comme mue par un ressort, — une idée nouvelle venait de lui traverser l'esprit :

— Ah ! — murmura-t-elle, — il ne manquerait plus que cela ! ce serait le coup de grâce !!

Et, — tirant de sa poche une seconde clef, — elle saisit la lumière, s'élança hors de la loge et traversa la cour comme une folle.

Je la suivis.

Je dois dire à mes lecteurs que ma mère avait obtenu du propriétaire, à titre gratuit, la jouissance d'une petite pièce obscure du rez-de-chaussée, laquelle servait autrefois de sellerie, et dont elle avait fait une sorte de magasin pour les marchandises d'occasion.

Il se trouvait là, parfois, des choses d'une assez grande valeur, telles que des coupons d'étoffe et des châles des Indes, achetés aux ventes du Mont-de-Piété ou à celles de l'hôtel des Commissaires-priseurs, qui n'était point alors rue Drouot et se nommait l'*Hôtel Bullion*.

Ma mère ouvrit la porte, — fit un réflecteur avec sa main, de façon à éclairer tout l'intérieur de la chambre, et, se tenant debout sur le seuil, immobile et comme pétrifiée, elle poussa un cri sourd.

Le coup-d'œil qui s'offrait à elle était, en effet, significatif.

Tout avait été mis sans dessus dessous dans le magasin, et les cartons destinés à contenir les marchandises les plus précieuses gisaient éventrés sur le sol.

Des *reconnaissances*, placées bien en vue sur une petite table au milieu de la pièce, attestaient l'*engagement* récent d'une douzaine de châles et d'écharpes, et d'autant de coupons de soie.

Décidément Loriot, le portier-tailleur, — mon père selon la loi, — avait fait grandement les choses ! — Le coup d'essai de cet honnête homme pourrait passer pour un coup de maître.

Je ne fatiguerai pas mes lecteurs en détaillant et en notant une à une les exclamations, — les imprécations, — les interrogations et les lamentations qui suivirent la découverte de cette nouvelle catastrophe venant compléter la première...

Leur imagination leur permettra certainement d'y suppléer, et je les prie de tenir pour certain que, quoi qu'elle puisse inventer, elle restera toujours au-dessous de la vérité.

Enfin la voisine fut prête, — elle vint prendre ma mère et nous nous acheminâmes toutes trois, à travers les rues désertes, vers la demeure du commissaire de police, qui nous fut bientôt indiquée par la lanterne rouge suspendue au-dessus de la porte.

Nous pénétrâmes sans difficulté dans le bureau.

Un individu de piètre mine dormait étendu sur un vieux fauteuil recouvert de basane noire et placé dans une sorte de petite cage, isolée du reste de la pièce par une balustrade à hauteur d'appui.

Le bruit que fit notre entrée le réveilla en sursaut et lui arracha une fort laide grimace.

— Qu'est-ce que vous voulez? — demanda-t-il brusquement et d'une voix rauque.

— Je veux monsieur le commissaire... — répliqua ma mère.

— Il n'y est pas.

— Ça m'est égal... — Qu'on aille le chercher... il me le faut!..

— S'agit-il d'un assassinat?

— Il s'agit d'un vol... — d'un vol de vingt-deux mille francs d'argent, et de plus de mille écus de marchandises!.. — Entendez-vous, monsieur?

— Le chiffre n'y fait rien...

— Comment, le chiffre n'y fait rien? — Vingt-cinq mille francs!.. — Jour de Dieu, est-ce que vous trouveriez que ce n'est pas assez, par hasard?

— Revenez demain matin, entre huit et dix heures... — M. le commissaire recevra votre déclaration...

— Demain matin!.. Eh bien, merci!.. — mon voleur aura le temps d'en faire, du chemin, d'ici à demain matin!! — Je vous dis que je veux le commissaire!! qu'il me le faut!! — qu'il me le faut tout de suite!!

— Je vous répète que monsieur le commissaire est absent...

— Eh! bien, dites-moi où il est, j'irai le chercher...

— Vous n'irez pas le chercher au bal chez Son Excellence le ministre de la justice, je suppose?..

— Pourquoi donc pas? — s'écria ma mère. — En voilà une sévère!.. les commissaires qui dansent pendant qu'on m'enlève mon argent!! — Tant pis, je vas chez le ministre...

— On ne vous laissera pas entrer...

— Vous croyez ça, vous, clampin!! — Je vous dis, moi, que j'entrerai malgré tout le monde!.. malgré le ministre lui-même!!.

— Un scandale pareil...

— Eh! je me fiche pas mal du scandale!... — Qu'on me rende mon argent et je me tiendrai tranquille, sinon, non!!...

— On vous conduira au poste.

— Ah! — s'écria ma mère avec une indicible rage,

— on m'arrêtera pour m'apprendre à avoir été volée !!

— Je suis curieuse de voir ça, par exemple, et je veux m'en payer la fantaisie !!...

Et ma mère, la tête à peu près perdue, se préparait à sortir et à s'en aller réclamer le commissaire jusque chez le ministre, — où, sans doute, il n'était pas.

L'homme de piètre mine l'arrêta du geste.

— Il y a bien, — dit-il, — le secrétaire de M. le commissaire... — Si vous le voyiez il pourrait prendre quelque chose sur lui, mais...

— Mais, quoi ?

— Il est couché et il dort...

— Qu'on le réveille !...

— Je n'ose vraiment pas le déranger rien que pour un vol... — Ah ! s'il y avait mort d'homme, ce serait autre chose...

La voisine officieuse approcha sa bouche de l'oreille de ma mère et lui dit tout bas :

— Donnez lui cent sous, — il ira...

Ma mère suivit ce conseil et l'homme du bureau se décida, sans plus de scrupule, à interrompre le sommeil de M. le secrétaire.

Au bout d'un quart d'heure environ on nous introduisit dans un cabinet où se trouvait, en robe de chambre et sans cravate, l'important personnage.

C'était un jeune homme blond, fort gracieux, et que son repos troublé à l'improviste n'avait point mis de méchante humeur.

— L'une de vous, mesdames, — dit-il, — se plaint d'un vol, à ce qu'il paraît ?

— Moi, monsieur... — répondit ma mère.

— Votre nom, votre profession et votre demeure, s'il vous plaît...

— Paméla Guignol, épouse Loriot, pour mon malheur! — demeurant rue de Bondy, 22, — marchande à la toilette, et de plus habilleuse au théâtre des Jeunes Élèves...

— Quelle est la valeur et l'importance de la chose volée ?...

— Vingt-cinq mille francs, au bas mot.

— Argent ou marchandises ?

— Vingt-deux mille francs argent, — mille écus, objets de mon commerce, robes, châles, écharpes, etc...

— Quel jour, et à quelle heure, le vol a-t-il été commis?

— Aujourd'hui même, ou plutôt hier, vers les six heures du soir...

— Soupçonnez-vous quelqu'un d'avoir commis ce vol?

— Comment, si je soupçonne ? — Mais, mon commissaire, c'est-à-dire mon secrétaire, je ne soupçonne pas, — je suis sûre...

— Matériellement sûre ?

— Oui, mon secrétaire !... aussi vrai qu'il y a un Dieu!!...

— Et, quelle est la personne que vous accusez ?...

— Mon mari, l'infâme gueux !... — mon propre

mari ! — Eustache Loriot de son nom, le scélérat ! !

— Ah ! ah ! — fit le secrétaire, — c'est votre mari qui vous a volée ?

— Oui, monsieur, et je demande qu'on l'envoie aux galères ; après, bien entendu, qu'il m'aura rendu mon argent...

— Je pense, ma chère dame, que vous êtes unie à M. Loriot en légitime mariage ?

— Jour de Dieu ! je le crois bien !... Que trop, mon commissaire ! ! — C'est à Saint-Eustache qu'elle nous a été donnée, cette bénédiction de malheur ! !

— Sous quel régime vous êtes-vous mariée, ma chère dame ?

— Mais, — répondit ma mère, — sous le régime de Sa Majesté Charles X, roi de France et de Navarre...

Le secrétaire sourit malgré lui.

— Vous me comprenez mal, — dit-il, — je vous demande si vous êtes mariée sous le régime de la séparation de biens ?...

— Quant à cela, mon magistrat, je n'en sais rien...

— Comment, vous ne savez pas ce que porte votre contrat de mariage ?

— Nous n'en avons pas eu... — Pourquoi faire un contrat ? — quand j'ai épousé Loriot, il ne possédait pas un sou, ni moi non plus...

— Mariée sans contrat !... — voilà qui est fâcheux pour vous...

— Pourquoi donc ?

— Parce que votre mari ne vous a rien volé...

— Comment? comment? — Mon mari ne m'a pas volé vingt-cinq mille francs?

— Hélas, non, ma chère dame...

— Mais quand je vous dis qu'il y avait vingt-deux mille francs argent, et mille écus en marchandises!!...

— Oh! je comprends bien, mais l'absence de contrat constitue le régime de la communauté, — et, le mari étant légalement le chef de la communauté, le vôtre n'a fait que disposer de ce qui lui appartenait...

— Mon argent appartenait à mon mari?... — s'écria ma mère, rendue stupide par l'étonnement.

— Mon Dieu, oui...

— En me le prenant, il ne m'a pas volée?

— En aucune façon.

— On ne le condamnera pas?

— On ne peut pas même le poursuivre...

— Ainsi, je ne reverrai jamais mon argent?

— J'en ai bien peur... à moins que votre mari ne vous le rapporte lui-même...

— Et, — balbutia ma mère, — vous êtes sûr de tout ce que vous me dites là, monsieur... le... magistrat?...

— Absolument certain, ma chère dame, et je vous affirme qu'aucune difficulté ne peut s'élever à ce sujet.

Ma mère voulut formuler sans doute une nouvelle question, mais les paroles expirèrent au fond de sa gorge contractée.

Elle poussa deux ou trois sons inarticulés et rauques, — elle étendit les bras, et, tournant sur elle-même, elle tomba de toute sa hauteur, foudroyée en quelque sorte par l'effroyable émotion qu'elle venait d'éprouver.

— C'est une attaque !! — s'écria le jeune secrétaire; — cette pauvre dame vient de recevoir un coup trop rude...

Et, appelant le gardien du bureau, il lui donna l'ordre d'aller en toute hâte chercher un médecin qui ne tarda guère à arriver.

Ma mère fut saignée, séance tenante, mais elle ne revint pas à elle-même; — on la hissa dans un fiacre attardé qui passait à vide, et nous la conduisîmes à notre logis où elle fut couchée et où la voisine passa toute la nuit auprès d'elle.

Le lendemain matin le propriétaire, sachant ce qui s'était passé, annonça qu'il était forcé de chercher un autre concierge mais qu'il laissait à la disposition de ma mère la petite chambre qui lui servait de magasin, et où elle pourrait rester aussi longtemps que cela lui conviendrait.

Les meubles qui garnissaient la loge y furent transportés quelques heures plus tard, et ma mère ne s'aperçut même pas qu'elle changeait de logement.

Sa maladie, — suite naturelle d'une grave attaque d'apoplexie, — fut longue et dangereuse.

XII

SUR LA GRANDE ROUTE

Pendant quinze jours ou trois semaines, le médecin considéra le danger comme très-sérieux.

Puis le *mieux* arriva par gradations insensibles, — la convalescence commença, et, une fois commencée, ne fut, hélas ! que *trop* rapide.

Ce mot, *trop* que je viens d'écrire, — ce mot contre nature, — scandalise sans doute mes lecteurs...

Que voulez-vous ? — c'est la loi commune, — les mauvaises mères font les mauvaises filles, et d'ailleurs qu'on attende avant de juger...

Pendant le cours de la maladie de ma mère et pendant sa convalescence j'avais continué mon service au théâtre des Jeunes-Élèves, et, chaque soir, j'avais vu dans son avant-scène mon vivant cauchemar, l'affreux marchand d'eau de Cologne, Guiseppe Scarlati, fixant sur moi plus que jamais les prunelles rondes de ses yeux ardents, à travers les doubles carreaux de sa jumelle d'ivoire.

Deux ou trois fois madame Rondier s'était présentée rue de Bondy, afin de voir ma mère, mais cette dernière était beaucoup trop malade pour qu'il fût possible de lui parler, et j'avais éconduit, sans trop de difficultés, l'ouvreuse de loges.

Je ne sais ce qui serait arrivé et quels combats j'aurais eu à soutenir sans le vol commis au préjudice de ma mère par son digne époux, — vol qui la faisait passer d'une opulence relative à la plus profonde misère.

Toujours est-il que ce changement de position exerça l'influence la plus funeste sur ses dispositions à mon égard.

Aussitôt qu'elle fut en état d'assembler deux idées, elle se dit et se répéta que l'unique moyen de sortir d'embarras et de reconquérir l'équivalent de la somme enlevée était d'accéder sans retard aux propositions de l'Italien.

Ceci doit suffire pour faire comprendre qu'à partir du jour où sa convalescence fut en bon train, je n'eus pas un instant de trêve ni de repos.

Ce n'était plus désormais sous forme de conseils ou de prières que se formulaient les exigences de ma mère, — mais d'une façon violente, impérative, et ne souffrant pas de réplique.

A peine pouvait-elle sortir de son lit et faire, en se traînant, quelques pas autour de la chambre, que déjà elle envoyait chercher madame Rondier et qu'elle s'occupait de fixer, avec cette complice ignoble, le jour et l'heure où je serais menée à l'infâme vieillard qui me convoitait.

En face d'une détermination aussi visiblement irrévocable, j'avais renoncé à toute supplication, à toute résistance.

Je savais trop que l'une aussi bien que l'autre seraient sans résultats.

Seulement, si le parti de ma mère était arrêté, le mien ne l'était pas moins.

J'avais résolu de me dérober par la fuite à l'exécution de ce marché révoltant, dans lequel j'étais la chose vendue.

Fuir semblait la chose du monde la plus simple, mais comme je ne savais où j'irais, ni de quelle façon je m'y prendrais pour vivre, l'avenir ne laissait pas de m'inquiéter, et je remettais au dernier moment l'usage de cette suprême ressource.

Ce moment arriva.

Rentrant un jour à l'improviste, je trouvai l'ouvreuse de loges auprès de ma mère et je surpris les derniers mots d'une conversation qui ne pouvait me laisser l'ombre d'un doute.

C'était le lendemain, — dans l'après-midi, — que je devais, de gré ou de force, être conduite chez Guiseppe Scarlati.

Le lendemain, par bonheur pour moi, était aussi le jour où l'on payait les appointements au théâtre.

J'avais à toucher du caissier une somme de soixante francs, — chiffre de ma rétribution mensuelle, — et cette somme misérable, dans la position où j'allais me trouver, pouvait passer pour une véritable fortune.

La soirée et la nuit s'écoulèrent. — J'avais eu soin d'emporter au théâtre un petit paquet contenant une robe, deux paires de souliers et un peu de linge. — Je laissai ce paquet dans un coin de ma loge.

Le matin venu je m'apprêtai comme de coutume pour aller à la répétition, qui avait lieu à dix heures trois quarts.

Je déjeunai avant de sortir, et ma mère, — trop faible encore pour m'accompagner, — me recommanda de ne pas perdre une minute et de revenir aussitôt que je serais libre, c'est-à-dire vers midi et demi, au plus tard.

— J'ai besoin d'un peu d'exercice, — me dit-elle; — tu te feras belle, nous prendrons une citadine et nous irons nous promener au bois de Boulogne.

Je feignis de ressentir d'avance une fort grande joie de cette distraction inaccoutumée, et je promis d'être en avance plutôt qu'en retard.

Puis, avec un profond sentiment de délivrance et de soulagement, je quittai la mère dénaturée que je comptais bien ne plus revoir.

J'arrivai au théâtre.

Je répétai fort peu consciencieusement mon rôle,

sachant à merveille que ce ne serait pas moi qui le jouerais.

Je donnai ma signature au caissier, qui me remit mes appointements.

Je reçus de M. Comte, présent à la paie, quelques félicitations paternelles au sujet de mon exactitude et de mon zèle accoutumés.

Je pris ensuite dans ma loge le petit paquet préparé depuis la veille et noué dans un mouchoir. — Je sortis du passage Choiseul, puis, au lieu de me diriger vers la rue de Bondy, je me mis en marche du côté diamétralement opposé, et, si mes souvenirs sont fidèles, je sortis de Paris par la barrière des Ternes.

Je ne savais pas où j'allais, et je ne tenais guère à le savoir.

J'étais bien résolue à marcher aussi longtemps que la terre me porterait, et je me disais :

— Le monde est grand ! — J'ai soixante francs dans ma poche... — avec cela on va bien loin !!

Mes lecteurs s'attendent peut-être à des aventures de voyage fort extraordinaires, ou, tout au moins, originales.

Cet espoir, — s'il existe, — sera déçu.

Rien au monde ne se peut imaginer de plus uniforme, de moins accidenté que les débuts de mes lointaines pérégrinations.

Je ne faisais pas beaucoup de chemin chaque jour, — comme bien on pense. — Ayant peu l'habitude de la marche je me fatiguais facilement, et d'ailleurs je vagabondais à droite et gauche, me laissant attirer et éblouir par les moindres incidents de la vraie nature, moi qui n'avais vu jusqu'alors que la nature de convention du théâtre et des coulisses, — des forêts en carton, — des arbres en volige, — une campagne peinte à la détrempe et éclairée par le soleil d'une demi-douzaine de quinquets.

Le matin, j'achetais des provisions pour toute la journée. — Ces provisions consistaient en un pain, un morceau de charcuterie et des fruits.

C'était malsain, mais ce n'était pas cher, et l'on n'ignore pas que les enfants du peuple de Paris sont presque tous habitués à cette exécrable nourriture.

Pour déjeuner et pour dîner je m'asseyais au pied d'un arbre. — Quand j'avais mangé, je buvais de l'eau claire, qui valait mille fois mieux que l'odieuse boisson violette et frelatée, achetée par ma mère chez le marchand de vin du coin.

Lorsque je me sentais lasse je me couchais à l'abri d'une haie ou sur la lisière d'un bois, et je dormais pendant une heure ou deux.

Quand je me réveillais mes forces étaient revenues et je me remettais en marche.

Le soir, je m'arrêtais dans quelque petite auberge si je trouvais un village, juste à point, sur mon chemin.

Dans le cas contraire, je demandais l'hospitalité aux habitants de quelque ferme, — et je dois dire que cette hospitalité, purement gratuite, ne m'était jamais refusée.

Par exemple, les bons paysans, — qu'à cette époque Sardou, dont j'ai joué les pièces depuis, n'avait point encore mis en scène, — avaient pour habitude de m'accabler de questions auxquelles je ne répondais pas oujours sans embarras.

Il me fallait dire qui j'étais, — d'où je venais, — où j'allais; — il me fallait expliquer comment, à mon âge, je me trouvais ainsi toute seule, sur les grandes routes.

J'avais fini par savoir que je me dirigeais du côté de Rouen.

Je forgeai, — sans grands frais d'imagination, — une petite histoire très-vraisemblable et qui me fut bien utile car elle expliquait clairement de quelle façon j'allais voir une parente malade dans le chef-lieu de la Normandie, et pourquoi, trop pauvre pour prendre la voiture publique, je voyageais à pied.

Ces détails doublaient l'intérêt excité par ma figure qu'on disait jolie, et ma tournure qu'on trouvait gracieuse.

Souvent, le lendemain matin, on faisait atteler un bon gros cheval à une carriole peu suspendue, et le garçon de ferme me conduisait pendant un *bon bout de chemin*.

J'atteignis Rouen de cette façon.

Quand j'eus dépassé cette dernière ville, il me fallut modifier mon historiette.

Ce fut bien simple.

Je fis habiter le Havre à ma parente malade, au lieu

de la laisser à Rouen, et, moyennant cette modification de détail, tout continua à aller pour le mieux.

Enfin j'atteignis le Havre, et, — pourrait-on le croire ? — pendant ce long trajet, je n'avais pas dépensé plus de la moitié de mes soixante francs !...

Mon voyage, cependant, avait duré près de trois semaines.

Je ne saurais exprimer de façon suffisante mon étonnement et mon admiration à la vue de la mer...

Pour la première fois, — en face de ces espaces sans bornes, — j'eus le sentiment de l'immensité, et ce fut pour moi une sensation imprévue et enchanteresse.

Je ne suis ni rêveuse ni mélancolique, — loin de là, — et cependant, pendant plusieurs jours, je passai de longues heures délicieuses, couchée sur les galets de la grève, — regardant les petites vagues frangées d'écume qui venaient mourir à mes pieds, livrée à une sorte d'ivresse indéfinissable qui devait ressembler à celle des fumeurs d'opium ou des mangeurs de hatchich.

C'était charmant ! — Mais, tout en regardant la mer, il fallait déjeuner le matin, — dîner le soir, — passer les nuits dans une chambre d'auberge, et, si grandes que fussent mon économie et ma frugalité, mes dépenses quotidiennes absorbaient avec une rapidité effrayante les trente francs qui me restaient.

Un soir arriva où je me couchai bien triste.

Je venais de m'apercevoir qu'il ne me restait plus que le strict nécessaire pour vivre le lendemain.

Cette nuit-là, je ne fermai pas l'œil.

Jusqu'à l'aube naissante, je me demandai comment il me serait possible de m'y prendre pour me procurer du pain et un gîte le surlendemain.

J'étais trop jeune encore, et trop faible pour supporter un travail fatigant et un peu suivi.

Et, d'ailleurs, quel travail ?...

Je me sentais incapable de tout ; — je ne savais que jouer la comédie ; — triste ressource dans ce moment-là !...

Il n'y avait point de troupe au théâtre du Havre, — et, dans tous les cas, je n'aurais jamais osé me présenter à un directeur ; — j'aurais craint que M. Comte, instruit par hasard du lieu dans lequel je me trouvais, ne fît réclamer l'exécution de l'engagement rompu brusquement par moi et ne me forçât de revenir à Paris, — ce qui m'aurait replacée sous la dépendance de ma mère.

Que faire donc ?

Mourir de faim, ou mendier ?

Le premier de ces deux partis n'était guère acceptable, et le second semblait bien dur à la descendante de Catilina.

Triste destinée, n'est-il pas vrai, que celle qui vous place à quinze ans entre des extrémités si cruelles ?

Je me levai au point du jour, et, emportant avec moi mon paquet, je quittai la mauvaise auberge du faubourg d'Ingouville, où chaque nuit me coûtait dix sous...

Machinalement, — ainsi que j'en avais pris l'habitude chaque matin, — je me dirigeai vers la jetée, afin d'avoir sous les yeux le spectacle de la mer tout en mangeant, pour mon déjeuner, un petit pain d'un sou.

Mais dans la situation d'esprit où je me trouvais la vue des objets extérieurs ne pouvait exercer sur moi aucune influence, et je regardais sans les voir le mouvement tumultueux des vagues et l'entrée et la sortie des navires, car la marée atteignait en ce moment sa plus grande hauteur.

Mes yeux se fixaient sur tous les objets sans rien distinguer. — Je ne savais pas que je pleurais, et cependant mes larmes coulaient avec abondance.

Je passai là plusieurs heures, assise sur le parapet de pierre qui contourne la jetée, et m'absorbant dans mon chagrin.

Tout à coup le vent m'apporta un bruit lointain de tambours, de trompettes, de grelots et de grosses caisses. — Je quittai ma place et je me dirigeai vers les bains Frascati, attirée par ce bruit qui devenait plus distinct à mesure que j'avançais.

Bientôt j'arrivai sur l'esplanade qui fait face à l'hôtel, et je vis qu'on venait d'y construire, avec des pieux, des planches et de la toile, une baraque de saltimbanques.

Une grande enseigne peinte annonçait une exhibition de curiosités de toutes sortes, — femme géante, — enfant nain, — sœurs albinos, — figures de cire, — monstres empaillés, — animaux vivants, — tours de gobelets, — escamotage, — prestidigitation, — physique amusante, — magie blanche, — intermèdes comiques, — et, enfin, drames, vaudevilles et mystères, interprétés par des acteurs de bois et par des artistes de chair et d'os.

Certes, le programme était séduisant.

Pour le rendre irrésistible, l'entrepreneur du spectacle forain avait trouvé nécessaire d'y adjoindre une parade en plein vent, précédée et suivie d'une musique à grand orchestre, et exécutée par les premiers sujets de la troupe.

En conséquence, sur des tréteaux disposés en avant de la baraque, se démenaient avec force soufflets, coups de pied et coups de poing, Pierrot, Paillasse, Cassandre, Gilles et Colombine, ces classiques personnages de la comédie italienne et de la moderne parade.

Les *bagatelles de la porte* ne coûtaient rien. — Il fallait payer deux sous pour être admis à jouir des *merveilles* de l'intérieur.

La parade terminée, une quinzaine de badauds à peu près, parmi lesquels sept ou huit conscrits, se rendirent aux appels de l'*aboyeur*, payèrent chacun dix centimes et entrèrent dans la baraque.

Une idée bizarre venait de se présenter à moi.

— Ces gens-là jouent la comédie, — m'étais-je dit, — qui sait s'ils ne consentiraient pas à me recevoir dans leur troupe? — J'aimerais mieux gagner ma vie en paradant sur des tréteaux que de tendre la main aux passants...

Mais, pour être agréée, il fallait m'offrir, et cela me paraissait une difficulté insurmontable.

Je voulus me rendre compte des services qu'on pourrait attendre de moi, si j'avais le courage de formuler une demande d'admission, et le bonheur de ne pas la voir repoussée.

Je payai donc la modeste rétribution exigée, je suivis les autres spectateurs, et je m'installai, comme eux, sur une des banquettes de bois blanc, nullement rembourrées.

Mon intention n'est point d'imposer à mes lecteurs un feuilleton au sujet de cette représentation curieuse, pas plus que je ne l'ai fait pour le *Château de la Roche-Noire*, à Belleville, et pour la *Poupée de l'infante*, au théâtre des Jeunes Élèves.

Il me suffira de dire que les *curiosités* n'offraient rien de particulièrement curieux; — que la *femme géante* ne dépassait pas cinq pieds huit pouces, malgré des talons qui la grandissaient de trois pouces au moins; — que l'*enfant nain* pouvait passer pour un avorton malingre; — que les *sœurs albinos* avaient des cils postiches et des cheveux en étoupe; — ainsi de tout le reste.

Quant aux artistes proprement dits qui figuraient dans l'*intermède comique* et jouaient une sorte de vaudeville grivois, ils me semblèrent de beaucoup au-dessous du mauvais, — plus exécrables encore que mes camarades de chez M. Comte, ce qui est tout dire, — et j'eus la conviction que, soit dans une chansonnette, soit dans un rôle, soit dans un pas de danse, je ferais un effet prodigieux au milieu de ces saltimbanques.

Cette conviction eut l'excellent résultat de me donner le courage nécessaire pour aller offrir mes services.

Quand la représentation fut terminée et que le *public* assez peu nombreux fut sorti de la baraque, je m'adressai à une sorte de pître que j'avais vu faisant la parade sur les tréteaux, et je lui dis fort timidement :

— Monsieur, je voudrais bien parler à monsieur le directeur de votre spectacle...

Le paillasse me regarda du haut en bas. — J'étais mise très-simplement, mais très-proprement, et même avec une sorte d'élégance.

Aussi me répondit-il, d'une voix rauque, mais d'un ton poli :

— Nous n'avons par de directeur, ma petite demoiselle ; — nous sommes gouvernés par une dame, — maman Gigogne, — ainsi surnommée à cause de la fécondité de ses amours !.. Ça fait-il tout de même votre affaire ?

— Oui, monsieur...

— Alors, venez avec moi... je vais vous conduire...

Il me fit monter sur la scène, plus élevée de trois pieds que le reste de la baraque, et, soulevant un lambeau de toile à voile qui formait le rideau du fond, il m'introduisit dans le corridor pratiqué entre deux rangées de cages grillées, contenant les animaux plus ou moins farouches de la ménagerie.

A l'extrémité de ce couloir, il souleva une nouvelle toile, et il s'effaça pour me laisser passer, après avoir dit :

— Ma directrice, voici une petite demoiselle qui sollicite l'avantage de vous entretenir...

La pièce, ou plutôt la tente dans laquelle je pénétrai, offrait un aspect à la fois curieux et repoussant.

Cette tente servait de vestiaire, — de magasin, — de réfectoire et de chambre à coucher à la directrice.

Toutes sortes de vêtements de théâtre et de ville, d'oripeaux fanés et de maillots de couleur douteuse, étaient entassés çà et là, ou jetés au hasard.

Une énorme marmite, placée sur un petit poêle portatif, contenait vraisemblablement le dîner de toute la bande, et mêlait les parfums de l'ail et des choux à des senteurs infiniment nauséabondes provenant du voisinage trop immédiat des bêtes fauves.

Au milieu de ce chaos, et fortement éclairée par un rayon lumineux tombant d'une ouverture pratiquée dans la partie supérieure de la tente, se trouvait la directrice, — *maman Gigogne*, — assise sur un escabeau, à côté d'un tambour qui supportait une bouteille de vin à moitié vide, — un verre plein — et une blague à tabac faite d'une vessie.

Maman Gigogne, masse informe de chairs flasques et de graisses pendantes, hideuse sous son costume débraillé, se livrait à une double et charmante occupation.

Elle fumait, avec une grâce tout orientale, une courte pipe amplement culottée, et, tout en fumant, elle buvait, — faisant alterner ainsi les jouissance de la pipe et celles de la bouteille.

L'une de ses jambes se reployait sous elle.

L'autre, étendue en avant avec une crânerie nonchalante, et découverte à peu près jusqu'à la jarretière, laissait voir un pied de mastodonte, large et plat comme un battoir et chaussé d'effroyables pantoufles de cuir avachi. — Quant au mollet, il était un peu plus gros que la cuisse d'un homme vigoureusement constitué.

Maman Gigogne pouvait avoir de quarante-huit à cinquante ans.

Les mèches ébouriffées de ses cheveux grisonnants s'échappaient de dessous un vieux bonnet déchiré qui ne tenait pas sur sa tête.

La robe, à peine agrafée, laissait les cascades du corsage ruisseler jusque sur les genoux ; — quelques entrebâillements de l'étoffe permettaient de voir la peau, d'un ton violacé abominable.

C'était hideux, — mais d'une laideur grandiose à force d'être complète.

Si j'étais peintre, je voudrais reproduire cette scène telle que je l'ai vue, et telle qu'elle est restée gravée dans mon imagination, — et j'ai la conviction que je ferais un curieux tableau, — d'un réalisme un peu exagéré peut-être, mais d'une grande valeur artistique.

La façon dont le paillasse venait de m'introduire parut surprendre la grosse femme.

Ses lèvres quittèrent le tuyau bronzé de sa pipe, et elle me regarda sans rien dire.

XIII

PREMIER ENGAGEMENT

Cet étrange accueil n'était pas précisément fait pour me rassurer et pour me donner l'aplomb nécessaire à la démarche que j'entreprenais.

Je baissai les yeux sous le regard fixe de la grosse femme, je demeurai immobile et muette, et, sans doute, mon attitude dut exprimer tout mon embarras.

Cela dura deux ou trois minutes.

Au bout de ce temps, maman Gigogne appuya son poing colossal sur sa forte hanche, se mit à rire, d'un rire pareil à un ouragan, qui fit trembler sur leurs étais les toiles de la tente, et finit par s'écrier :

— Plus que ça de dialogue !! — excusez du peu ! —

Dites-donc, ma mignonne, si c'est de cette façon-là que vous maniez l'entretien, on ne doit pas vous reprocher souvent d'être bavarde, et vous n'userez pas votre langue !.. — Gringalet prétend que vous voulez me communiquer quelque chose !.. vous n'en prenez guère le chemin !! — Voyons, savez-vous le français ?..

— Oui, madame, balbutiai-je.

— Tiens !.. elle parle !! — Si mon père Cassandre était là, je lui dirais : — *L'eusses-tu cru ?* — Je crois que ce jeu de mots serait neuf et piqué de fort peu de vers !! — Voyons, jeune adolescente, expliquez-vous, si la chose est possible... — qu'est-ce qu'il y a pour votre service ?

Je pris mon courage à deux mains, je me contraignis à lever les yeux sur maman Gigogne, et je répondis :

— Je viens voir, madame, si je pourrais vous être utile...

— Utile à quoi, ma petite chatte ?

— Mais, à entrer dans votre troupe...

— Elle veut être saltimbanque ! — ambitieuse !! — Et que sais-tu faire, ma Colombe ? — Possèdes-tu le grand écart ?

— Non, madame...

— Avales-tu des charbons ardents ?

— Pas davantage.

— Te nourris-tu de lames d'épées ou de volailles crues ?

Je secouai la tête.

— Joues-tu du flageolet, ou, au besoin, du trombone, de l'accordéon, du chapeau chinois ou du cornet à piston?

Je gardai le silence.

— Connais-tu l'art de l'escrime et te sens-tu capable de faire assaut avec tous les prévôts de salle de la France et de l'*Urope*? Ou bien encore soulèves-tu avec tes dents des poids de cinq cents kilos, et luttes-tu contre trois hommes, dont un Lyonnais et deux Auvergnats? — Enfin, jouis-tu d'une infirmité quelconque, — onze doigts, par exemple, au pied gauche, ou la figure d'un homard sur le creux de l'estomac?

Faute de souffle, la grosse femme ne put continuer son énumération formidable.

Je profitai du temps d'arrêt pendant lequel elle reprenait sa respiration pour faire un signe négatif.

Déjà l'air était revenu gonfler ses poumons caverneux, — elle poursuivit :

— Mais, jeune ahurie de Chaillot, si tu ne possèdes aucun des talents susmentionnés, d'où te vient tant d'audace que de vouloir entrer dans notre compagnie?.. — Tu nous serais utile comme une cinquième roue à un carrosse ou comme des lunettes à un aveugle!! — Enfin, voyons, sais-tu quelque chose?..

— Je suis comédienne... — hasardai-je.

— Comédienne!! — répéta la grosse femme.

— Oui, madame...

— Ah! bah!.. — Quel âge as-tu donc?

— Dix-sept ans.

Je me vieillissais à dessein, afin de donner un peu plus d'importance à ma petite personne.

J'étais d'ailleurs assez formée pour que mon assertion ne parût pas trop invraisemblable.

— Puisque tu te donnes pour comédienne, tu as déjà joué, sans doute? — demanda maman Gigogne.

— J'ai débuté, à l'âge de six ans, avec un grand succès, dans une pièce faite exprès pour moi.

Ce n'était pas absolument vrai, mais il fallait bien sacrifier quelque chose à l'effet.

— Sur quel théâtre as-tu paru?

— Sur celui de Belleville, et sur celui du passage Choiseul, à Paris.

— Est-ce vrai, cela?

— Oui, madame, et d'ailleurs vous pouvez vous informer...

J'étais bien sûre qu'elle n'en ferait rien.

Elle poursuivit :

— Quel est ton emploi?

— Je joue tout ce qu'on veut, dans le mélodrame, dans le vaudeville, dans la pantomime... — Je joue les travestis, les ingénues, les jeunes premières, les fortes amoureuses et les Déjazet.

— As-tu quelque teinture de la danse?

— J'étais de tous les ballets... — J'exécute fort joliment les pas de deux et même les solos.. — Je danse la cachucha comme une Espagnole...

— Oh! oh! mais, à t'entendre, tu serais un véritable phénomène!...

— C'est comme cela qu'on m'annonçait sur l'affiche quand je n'avais que six ans... et je faisais courir toute la banlieue et une bonne partie de Paris pour les représentations du *Château de la Roche-Noire*...

On voit que l'aplomb, — après m'avoir si bien fait défaut au commencement de l'entretien, — m'était amplement revenu.

Maman Gigogne paraissait abasourdie de tout ce qu'elle entendait.

— Chantes-tu des chansonnettes ? — me demanda-t-elle au bout d'un instant.

— Je chantais tous les soirs au théâtre Choiseul.

— As-tu des parents ?

Ici, un nouveau mensonge me sembla nécessaire.

— Je n'avais que mon père... — répondis-je, — il était machiniste à l'Opéra, et voici bientôt trois ans qu'il s'est tué en tombant dans le troisième dessous, par une trappe qu'on avait laissée ouverte...

— Tu vas me danser quelque chose.

— Bien volontiers... — Mais je ne puis danser sans musique.

— Je vais t'en faire...

Maman Gigogne prit un tampon de grosse caisse et se mit à frapper la mesure d'un air vif et gai sur la peau d'âne du tambour qui lui servait de table un peu auparavant, — et que, préalablement, elle avait débarrassé des objets qui le couvraient.

Sur cette musique bizarre, j'improvisai une danse qui tenait tout à la fois de la cachucha et du fandango.

La grosse femme était enthousiasmée et ne le cachait pas. — Elle applaudit à plusieurs reprises...

— Maintenant, — dit-elle, — roucoule un peu, et, si ton gosier vaut tes jambes, je te prédis que tu iras loin !...

— Voulez-vous une romance ou une chansonnette?

— Quelque chose de triste m'irait assez bien... — Telle que tu me vois, je suis mélancolique et sentimentale en diable ! — Il ne me déplaît point, de temps à autre, de verser une larme ou deux...

J'entamai la romance de *Jenny l'ouvrière*, — fort en vogue à cette époque. — J'y mis toute l'expression possible et j'eus la joie et le triomphe de voir, au moment où j'achevais le dernier couplet, maman Gigogne tirer de sa poche un immense mouchoir à carreaux et se moucher bruyamment, avec une émotion et un attendrissement manifestes.

Je voulus, — tandis que j'étais en train, — compléter ma victoire, et j'entamai le fameux couplet de facture de l'une des premières pièces de Scribe : *Une nuit de la garde nationale*, — ce couplet qui commence ainsi :

> Je pars...
> Déjà, de toutes parts,
> La nuit sur nos remparts
> Verse une ombre
> Plus sombre.

Et qui contient ces vers :

> J'examine
> Cette mine
> Qu'enlumine
> Un rouge bord,
> Quand au poste
> Qui l'accoste,
> Il riposte :
> « Verse encor ! »

Certes, mon but fut atteint, — et même dépassé. Je voulais produire de l'effet, j'en produisis trop.

Un sentiment de défiance se fit jour dans l'esprit d cette lourde masse de chair humaine qu'on appelai maman Gigogne.

— Petite, — me dit-elle, — je reconnais en toi un mérite de premier ordre ! — tu es une véritable artiste, mais il y a quelque chose de louche...

— Quoi donc ? — demandai-je vivement.

— Ta place est à Paris; — c'est là que tu as obtenu des succès, — c'est là que tu dois briller... — Comment diable se fait-il qu'au lieu de charmer, par tes talents, les habitants de la *Capitale*, tu sois au Hâvre, bornant ton ambition à entrer dans une troupe nomade, autorisée par privilége, sous la direction de maman Gigogne ? — Ce n'est pas clair... — tu dois avoir fait quelque mauvais coup là-bas, et, dans ce cas-là, nous ne pourrions nous entendre... — je ne veux pas risquer d'avoir des démêlés avec la police...

— Mais, madame, — m'écriai-je, — je vous jure que je n'ai rien fait de mal, et que personne au monde ne pourrait me reprocher quelque chose...

— Alors explique-moi comment, de comédienne que tu es, tu veux te faire saltimbanque? — Ce n'est pas monter, cela... c'est descendre... — Je trouve que la chose n'est pas naturelle, et il faut que je sache le fin mot du pot aux roses...

— Je vais vous dire la vérité, et je vous assure qu'elle est bien simple...

— Eh bien, vas-y gaîment... — j'écoute.

Je racontai à maman Gigogne que j'avais eu des difficultés avec mon directeur à propos d'un rôle auquel j'avais droit et qu'il venait de distribuer à une autre actrice...

J'ajoutai qu'il s'était mis en tête de me contraindre à subir ses bonnes grâces, et que de mon refus de devenir une des odalisques de son sérail provenait sa malveillance à mon égard.

En présence de ce mauvais vouloir j'avais pris le parti de déchirer mon engagement et d'employer à aller voir la mer le peu d'argent qui me restait. — Cette excursion avait mis bien vite ma bourse à sec, tout en me donnant le goût des voyages. — Je voulais courir le monde et ne pas retourner à Paris avant deux ou trois ans. — De là mon désir de m'adjoindre à une troupe nomade et de l'accompagner dans ses pérégrinations à travers la France.

XIV

LE ROMAN COMIQUE

Le petit récit dont je viens de donner l'analyse rapide était bien simple, bien vraisemblable, et facilement admissible.

La grosse femme, après avoir écouté avec attention, semblait satisfaite ; — cependant elle hochait toujours la tête, à la façon des magots chinois, d'un air indécis.

Je tremblais que quelque nouvelle objection ne vînt se présenter à son esprit et ne l'empêchât d'accepter mes offres de service.

Après deux ou trois minutes de silence et de hochements de tête, elle me dit :

— Tout cela est bel et bon, et je prends pour paroles d'Évangile ce que tu viens de me raconter... mais...

— Mais, quoi ?

— Combien touchais-tu d'appointements par mois, à ton dernier théâtre ?

Je répondis hardiment :

— Cent francs par mois.

— Cent francs!! — Voilà le diable!! — Certainement ce n'était pas trop, et tu les vaux bien... — mais ma baraque n'est pas un théâtre... — le prix des places est de deux sous, — les recettes ne sont pas fortes, — j'ai mes bêtes et mes gens à nourrir, — bref, il ne me resterait pas de l'eau à boire, si je payais des appointements dans ces chiffres-là...

— Combien donc me donneriez-vous ?

— Oh ! ça ne serait pas bien lourd...

— Mais, enfin ?

— Eh bien, je te payerais sur le même pied que mon Pierrot, qui est mon premier acteur et le mieux rétribué de la bande, — au point que tout les autres sont jaloux de lui...

— Et combien donnez-vous à votre Pierrot ?

— Vingt-cinq francs par mois, ma fille...

— C'est bien peu.

— C'est beaucoup pour moi. — De plus logé, vêtu, nourri, chaussé, éclairé et voituré, le tout *à l'œil*... — Voyons, ça te va-t-il ? — C'est à prendre ou à laisser...

— Si j'acceptais, qu'est-ce que j'aurais à faire ?

— En ta qualité de véritable artiste dramatique tu serais dispensée des exercices d'agilité, de force et d'adresse, — tu n'aurais point à avaler des lames de sabre et des étoupes enflammées, ni à dévorer des poulets crus... — ton service consisterait à jouer les *Colombine* et les *Isabelle* dans les parades, — à prendre tous les rôles que je te distribuerais dans les intermèdes comiques et autres mélodrames, — à danser des boléros et à chanter des chansonnettes. — De plus, comme je donne parfois huit à dix représentations par jour, tu ne serais pas tenue de paraître plus de quatre fois dans la même journée... — Tu vois que je sais reconnaître le mérite, et que j'ai des égards pour lui... — Est-ce une affaire conclue ?

— Oui, madame.

— Tu t'engages à rester au moins deux ans avec moi ?

— Oui, madame.

— Alors, touche là... te voilà ma pensionnaire...

Maman Gigogne me tendit son énorme patte, dans laquelle je plaçai ma main, qu'elle serra cordialement et assez fort pour me faire venir les larmes aux yeux.

Je dissimulai de mon mieux, d'ailleurs, cette sensation peu agréable.

La grosse femme reprit :

— Tu vas, aujourd'hui, passer ton temps à apprendre le rôle de *Colombine*, pour la parade ; — ça n'est pas bien difficile ; — on ajoute tout ce qu'on veut, et plus on dit de bêtises, plus le public est content... — C'est demain dimanche, — nous aurons du monde, — tu débuteras par un pas de danse et par deux chansonnettes de ton répertoire... — Je vais aller trouver un peintre en détrempe qui me fera un tableau-annonce superbe, avec ton portrait au milieu, en costume de bayadère... A propos, as-tu déjeuné ?

Je n'avais mangé qu'un petit pain d'un sou depuis le matin.

Je me sentais un grand appétit, et les parfums de lard et de choux, d'ail et de cervelas, qui s'échappaient de la marmite gigantesque, chatouillaient fort agréablement mes narines.

Je répondis donc :

— Oui, madame, j'ai un peu déjeuné... mais pas beaucoup...

— C'est-à-dire que tu meurs de faim...

Je ne répondis rien, et mon silence équivalait à une adhésion.

Maman Gigogne quitta son escabeau, — non sans peine, — et traîna tant bien que mal, jusqu'auprès de la marmite, la masse informe de sa rotondité flottante.

Elle prit une écuelle, — elle y tailla la valeur de près d'une livre de pain, — elle versa sur ce pain une formidable dose de bouillon, avec accompagnement de choux, et, me présentant le tout, elle me dit :

— Ramasse une cuiller quelque part, — en voilà par terre une demi-douzaine, — et mets-toi cette pâtée sur la conscience ; — ça te refera l'estomac, ma tourterelle.

— Avec un bon verre de vin par-dessus, rien n'est meilleur pour la conservation de la voix et pour le velouté du gosier.

Ainsi que venait de m'y engager maman Gigogne, je ramassai l'une des cuillers de fer qui gisaient au milieu de débris de toutes sortes, et, faisant taire ma répugnance pour n'écouter que mon appétit, je dévorai le contenu de l'écuelle.

— Un bon coup par là-dessus — *pour faire couler*, — me dit la grosse femme en remplissant jusqu'au bord le verre dans lequel elle venait de boire.

Cette fois mon dégoût fut trop violent, — je ne pus venir à bout de le dominer. — Je refusai.

— Est-ce que tu ne bois pas de vin ? — me demanda-t-elle.

— Rarement.

— Tu aimes peut-être mieux l'eau-de-vie ? — C'est plus dur et meilleur, je ne dis pas non, mais, à la longue, ça casse l'organe — et il faut ménager son instrument, ma poulette...

— J'ai l'eau-de-vie en horreur, — m'écriai-je, — je n'en boirais pas pour un empire.

— Tant mieux!... ça me fera une économie... — Ah! ça, mais tu te désaltères donc avec le liquide des canards et des barbillons? — Eh! bien, à ton aise. — Voilà la cruche. — Prends un gobelet ou une écuelle, à ton idée.

Je rinçai de mon mieux un des gobelets de fer-blanc, tout bossués, qui servaient à la troupe, et, cette opération préliminaire accomplie, je bus à longs traits.

Maman Gigogne avait suivi du regard tous mes mouvements et elle avait deviné mon but.

— Ma petite mignonne, — fit-elle, — faut prendre garde de se montrer chipie et bégueule ! — tu te ferais mal *regarder* de mes autres pensionnaires... — Vois-tu, ici, c'est à peu près comme au régiment : — Nous vivons *à la bonne flanquette*, et nous mangeons à la manière des compagnons de saint Antoine...

Gracieuse perspective !...

Mais, — comme dit le proverbe, — *nécessité n'a pas de loi !*... — il me fallait subir toutes les conséquences, mêmes les plus dures, de la seule existence qui me fût possible !

Une heure après, maman Gigogne me présentait officiellement à la troupe de saltimbanques dont je faisais désormais partie, dès le lendemain, mes débuts sur les tréteaux de la parade s'effectuaient d'une façon glorieuse, et j'obtenais, avec une cachucha et une chansonnette, les bravos éclairés des tourlourous et des bonnes d'enfants.

J'ai négligé de mettre mes lecteurs au fait d'une particularité intéressante.

Maman Gigogne avait pensé que mon nom de Tullia manquait absolument de distinction et ne se gravait point dans l'esprit. — En conséquence, elle me fit prendre le pseudonyme de *Florestane*, qui fut badigeonné en grosses lettres à côté de l'annonce de la femme géante, de l'enfant nain, des sœurs Albinos, etc.

Cette circonstance me permet d'affirmer sans mensonge que jamais Tullia, l'actrice célèbre aujourd'hui, n'a fait rire, en répétant d'ignobles lazzis, la foule assemblée autour des tréteaux des bateleurs.

Tullia renie Florestane, et tout est dit pour ce triste passé.

Ici je franchis, sans m'arrêter, un intervalle d'environ quatre ans.

Pendant ces quatre années, nous parcourûmes la plus grande partie de la France, et le temps s'écoula avec la rapidité d'un éclair.

L'administration de maman Gigogne était véritablement maternelle ; — tout au plus donnait elle, de temps à autre, une légère taloche à ceux de ses artistes qui se trouvaient trop près de sa main dans ses jours de mauvaise humeur, et lorsqu'elle avait un peu trop fêté sa bouteille chérie.

Je n'avais, du reste, aucunement à me plaindre d'elle ; — j'étais son enfant gâtée et elle manifestait pour moi une prédilection singulière.

Somme toute, je ne me trouvais pas malheureuse, et je comprends même à merveille que l'existence nomade et bohémienne des saltimbanques offre d'irrésistibles charmes à ceux qui n'aspirent point à une position plus élevée sur les degrés de l'art dramatique.

Ceux-là jouissent d'une grande liberté relative, — ils ont affaire à un public toujours content — et pour eux se renouvellent chaque jour, dans la vie réelle, les épisodes les plus amusants du *Roman comique.* — D'ailleurs, par le temps qui court, où tant de charmants esprits ont célébré les joies de la bohême, il est impossible de nier que ces joies existent, et la bohême ne peut se trouver nulle part plus originale et plus complète que dans une république de bateleurs et de saltimbanques.

Cependant l'enfant de quinze ans s'était transformée en une jeune fille dont il ne m'appartient point de faire l'éloge. — Tous ceux qui me connaissent y suppléeront sans peine en se figurant ce que ma beauté devait être à cet âge.

Chose bizarre, après les enseignements que j'avais reçus, et l'existence sans règle et sans frein de ceux qui m'entouraient, — un cœur que rien n'avait fait tressaillir battait dans ma jeune poitrine.

J'ignorais complétement ce que c'était que l'amour.

XV

URSULE PIÉDEFER

Oui, je l'ignorais, mais je dois ajouter que j'avais une fort grande envie de l'apprendre.

Pour acquérir cette science, qui vient si vite et si facilement et ne s'oublie jamais, il ne fallait qu'une occasion.

Cette occasion ne se présentait pas, et peut-être aurait-elle tardé longtemps encore, sans un incident terrible qui vint changer entièrement ma position.

Nous étions à Lille, où notre troupe donnait des représentations assez fructueuses, quoi qu'il nous fallût combattre la concurrence d'une autre société de saltimbanques, dirigée par Ursule Piédefer, surnommée *la Femme à la tête de mort*.

Je reviendrai bientôt à cette Ursule Piédefer, et alors j'expliquerai les causes de son singulier surnom.

J'ai parlé de la prodigieuse affection dont s'était prise pour moi ma directrice, maman Gigogne, qui me traitait, ai-je dit, en enfant gâtée !

L'une des conséquences de cette tendresse toute maternelle avait été de me faire installer un petit lit portatif, ou plutôt une sorte de hamac, dans la tente qui lui servait de chambre à coucher à elle-même.

Les autres *artistes* de la troupe, — la femme géante, les sœurs Albinos, etc, etc.,—couchaient toutes ensemble dans l'un des fourgons qui transportaient, de ville en ville et de bourgade en bourgade, le matériel des représentations et la ménagerie.

Aussitôt que nous nous arrêtions quelque part, les cages grillées qui contenaient les bêtes fauves étaient enlevées des fourgons et placées sur deux lignes entre la tente de maman Gigogne et la baraque qui servait de salle de spectacle.

De larges toiles recouvraient ensuite les cages, qui laissaient entre elles un espace vide formant corridor et conduisant de la baraque au logis de la directrice.

C'est par ce couloir que Gringalet, le pître, m'avait fait passer lors de ma première entrevue avec la grosse femme.

Tous ces détails sont indispensables pour permettre à mes lecteurs de comprendre, sans nouvelles et plus amples explications, ce qui va suivre :

Je répète que nous étions à Lille.

C'était un dimanche soir. — Je m'étais couchée épuisée de fatigue, après avoir chanté, dansé et figuré dans trois représentations pendant la journée, et je dormais d'un calme et profond sommeil, que n'interrompait point le bruit régulier des gigantesques ronflements de maman Gigogne, dont le lit se trouvait tout près de mon hamac.

En règle générale et sans exception, maman Gigogne commençait à ronfler au moment précis où elle fermait les yeux; — j'avais donc eu le temps de m'accoutumer au tonnerre de sa respiration stridente, de même qu'on s'accoutume au monotone fracas d'un moulin, — à l'assourdissant tapage des rues de Paris.

Il pouvait être deux heures après minuit.

Je fus tirée à demi de mon sommeil par un bruit bizarre, semblable à celui qu'on produirait en déchirant une forte toile, d'un seul coup, du haut en bas.

Je me soulevai sur mon coude, et j'écoutai.

Le bruit singulier ne se renouvela pas. — Maman Gigogne ronflait toujours.

Après avoir prêté l'oreille pendant quelques secondes, je me figurai que je n'avais rien entendu, je laissai retomber ma tête sur le traversin et je me rendormis.

Combien de temps dura ce nouveau sommeil?

Je ne le sais pas. — Cinq ou six minutes peut-être, — tout au plus.

Il fut interrompu brusquement.

Un cri, poussé tout auprès de moi, me fit me dresser frissonnante et épouvantée sur mon hamac.

Un second cri succéda, presque sans transition, au premier.

Jamais, — non, jamais de ma vie, — je n'entendrai quelque chose de plus effrayant, de plus effroyable que ce cri terrible et sourd, cri d'appel, d'angoisse, de torture, d'agonie, qui me poursuit, aujourd'hui encore, dans mes rêves.

J'avais reconnu la voix de maman Gigogne...

Que se passait-il donc?...

Je voulus sauter en bas de mon hamac pour courir à elle, mais la peur me paralysait...

Je voulus l'appeler... lui demander si elle souffrait... si elle avait besoin de secours?

Je ne pus que balbutier des paroles qui n'offraient aucun sens et ne se liaient point les unes aux autres...

Cependant une réponse fut faite aux phrases indistinctes qui ne pouvaient jaillir de ma gorge étranglée...

Mais, cette réponse, ce ne fut point une voix humaine qui la prononça.

Un rauquement sourd et menaçant retentit dans le silence; et en même temps deux prunelles rondes et ardentes, d'un rouge de sang et d'un rouge de feu, brillèrent d'une lueur phosphorescente à l'endroit où se trouvait le lit de maman Gigogne, et semblèrent m'envoyer des étincelles au lieu de regards...

Je me sentis anéantie.

Certes, pour sauver ma vie, je n'aurais pas su, dans ce moment, faire un mouvement, un geste, — remuer un doigt, articuler une parole.

Les prunelles de feu s'éteignirent, — le rauquement se tut, — mais il fut remplacé par un bruit qui aurait dû me rendre folle ou épileptique pour le reste de ma vie...

Ce bruit, c'était celui des mâchoires gigantesques d'une bête fauve, broyant des ossements humains, en même temps qu'une chair palpitante...

La tête me tourna...

Je sentis le cœur me manquer, — je m'évanouis, et, dans cet évanouissement, je tombai de mon hamac sur le sol, où je restai pendant le reste de la nuit sans connaissance...

. . . .

Le lendemain, quand on entra dans la tente, on trouva l'une des panthères de la ménagerie accroupie sur les restes sanglants et à demi dévorés de maman Gigogne...

La bête farouche s'était échappée de la cage mal fermée la veille au soir, avait fendu d'un coup de sa puissante griffe la toile qui séparait le couloir de la tente, et venait de consommer son effroyable repas.

La panthère s'était à tel point gorgée de cette nourriture exécrable que son engourdissement ressemblait à celui du serpent boa qui vient de dévorer un bœuf et qui est en train de le digérer.

Elle se laissa reconduire à sa cage sans opposer la moindre résistance.

Ce qui restait du cadavre de la malheureuse maman Gigogne n'était plus qu'une boue sanglante.

Quant à moi, l'impression de terreur que j'avais ressentie était telle qu'il fallut me saigner à deux reprises pour faire cesser mon évanouissement...

. . . .

La dissolution de la troupe des saltimbanques était la conséquence forcée et inévitable de la mort imprévue de la directrice.

Aussitôt que les dépouilles informes de la pauvre maman Gigogne eurent été rendues à la terre, chacun songea à se pourvoir, et la première pensée de tous fut de s'adresser à Ursule Piédefer, la *Femme à la tête de mort*, directrice de la compagnie rivale.

Malheureusement pour mes pauvres diables de camarades, les cadres de cette troupe étaient au grand complet, et ils durent aller chercher fortune ailleurs.

Une exception fut faite pour moi seule.

Sous le nom de *Florestane*, donné par maman Gigogne, je jouissais d'une immense réputation parmi tous les saltimbanques et tous les bateleurs de France.

Mes offres de services furent donc accueillies avec empressement et mes appointements mensuels furent portés de la somme de vingt-cinq francs à celle de cinquante.

Ursule Piédefer, à propos de laquelle j'ai promis, un peu plus haut, d'entrer dans quelques détails, formait à elle seule la partie la plus véritablement curieuse des exhibitions phénoménales qu'annonçaient ses affiches peintes et ses bannières multicolores.

Figurez-vous une femme de trente ans environ, de taille moyenne, très-bien faite, avec une gorge admirable, des bras charmants, de belles épaules, une main et un pied qui pouvaient défier la critique...

Le visage d'Ursule Piédefer répondait-il à cet ensemble enchanteur ?

Dans l'habitude de la vie il était impossible de décider cette question, car la directrice portait sans cesse un masque de velours noir doublé de bandes d'acier, et qui devait ressembler singulièrement au masque historique du fameux et romanesque prisonnier de Pignerol.

Ce masque, couronné par un capuchon également en velours qui cachait le haut de la tête, ne laissait voir de la figure que des dents très-blanches et des yeux noirs et brillants.

Au bal de l'Opéra, Ursule Piédefer aurait obtenu sans doute les plus grands succès.

A certains jours, — alors que la directrice voulait forcer la recette, — l'affiche annonçait l'exhibition de la *Femme à la tête de mort*, laquelle avait eu l'honneur insigne et mérité — (c'est l'affiche qui parle) — d'être présentée à tous les empereurs et à toutes les impératrices, à tous les rois et à toutes les reines de l'Europe et du monde, et de recueillir leurs *suffrages* et leurs *encouragements*, avec des marques de leur *satisfaction éclairée*.

Ces jours-là, — quand la baraque regorgeait de monde, — Ursule Piédefer, — vêtue d'un costume noir semé de larmes d'argent et d'ossements en croix, robe large et flottante qui ne dessinait aucune des formes de son corps, — abattait son capuchon sur ses épaules et dénouait les cordons de son masque.

On entendait alors pousser des cris d'effroi dans la foule.

Tous les enfants se mettaient à sangloter et cachaient leurs visages dans leurs petites mains tremblantes.

Quelques femmes se trouvaient mal.

On avait même vu pâlir plusieurs *tourlourous* de la plus belle espérance, — braves guerriers français qui certes auraient fait meilleure contenance en face de l'ennemi.

C'est que le spectacle offert aux curieux était réellement hideux, et bien propre à jeter l'épouvante dans les âmes les plus fermes.

Sur son buste charmant, Ursule Piédefer portait une tête de mort, — une véritable face de spectre, — visage décharné dans lequel rien n'était vivant, excepté les yeux.

Par un étrange et monstrueux caprice apparent, la nature avait joint au corps gracieux d'une jeune femme l'une de ces têtes de squelette avec lesquelles les fossoyeurs d'*Hamlet* jouaient aux boules dans le cimetière

Ce n'était pas une ressemblance, — ce n'était pas un *à peu près*.

On ne pouvait point dire : — C'est *presque* une tête de mort...

Non. — C'était bien et complétement une tête de mort ; — une de ces préparations anatomiques, au crâne luisant et aux dents intactes, telles que l'on en voit dans les cabinets des chirurgiens.

Sur l'ostéologie polie et brillante de cette tête, il n'y avait rien, — ni chair, ni muscles, ni épiderme.

La place du nez offrait une cavité béante.

Les yeux, sans paupières, étincelaient d'un feu bizarre au fond des orbites caverneux.

On ne voyait aucune trace de lèvres ni d'oreilles. — Le conduit auditif semblait percé comme avec une vrille dans la boîte osseuse.

Le jeu des mâchoires se faisait à nu.

Je n'ai nul besoin d'ajouter que pas un seul cheveu ne poussait sur l'ivoire jaunâtre du crâne.

Telle était l'excentricité épouvantable offerte en pâture à la curiosité des badauds, dont cette horrible vue devait pendant longtemps troubler le sommeil.

Ursule Piédefer, afin d'ajouter à l'effet sinistre de son apparition, agitait des castagnettes sous les manches flottantes de sa robe noire semée de larmes, pour imiter un bruit d'ossements, — faisait craquer sa mâchoire et prononçait d'une voix gutturale quelques mots d'une langue inconnue.

Elle saluait ensuite le public épouvanté, — elle quittait la scène, — elle rajustait son capuchon, — elle rattachait son masque de velours, — et elle comptait avec une joie sans mélange les gros sous de la recette.

Telle était la directrice qui venait de faire, aux conditions que j'ai mentionnées tout à l'heure, l'acquisition de ma personne et de mon talent.

Les pérégrinations bohémiennes recommencèrent, et le cours de mes succès forains continua.

Parmi mes nouveaux camarades se trouvait un jeune garçon de dix-huit ans environ, — anglais d'origine, mais venu de très-bonne heure en France avec les écuyers d'un cirque nomade, et parlant notre langue comme un Français.

Ce jeune homme remplissait dans la troupe l'emploi de clown avec une merveilleuse habileté ; — il s'appelait William et son nom d'affiche était *Flamme de punch*.

William, doué d'une prestigieuse adresse et d'une légèreté tenant du prodige, réalisait, non-seulement sans peine, mais avec une grâce incomparable, les tours de force que j'ai vu accomplir depuis par Auriol et par Léotard.

Il se jouait des difficultés, et dans certains exercices presque mortels qu'il exécutait le sourire aux lèvres, par un miracle de souplesse et d'équilibre le charmant à-plomb de ses poses en imposait aux spectateurs, au point d'éloigner de leur esprit toute idée de péril.

Je n'ai rien vu de plus élégant dans la force, de plus distingué, de plus exquis, de plus aristocratique en quelque sorte que ce clown.

Il était de taille moyenne et très-élancé. — Des flots de cheveux blonds, doux et fins comme de la soie, encadraient dans leurs boucles naturelles son visage aussi frais, aussi velouté que celui des belles jeunes filles d'outre-mer, ses compatriotes.

Avec son affreux costume de saltimbanque, si odieux, si dégradant pour tout autre que pour lui, William ressemblait à ces pages du temps de la féodalité, qui suivaient les belles châtelaines, leurs maîtresses, à l'église ou à la chasse, et portaient tour à tour le missel armorié ou le faucon encapuchonné, avec ses grelots d'argent à la patte.

Bien des tableaux, — bien des dessins, — bien des gravures ont été inspirés par la scène que je viens de décrire. — Presque tous ont reproduit, dans le personnage du jeune page, le type de William.

Il y avait un an environ que *Flamme de punch*, puisque c'est sous ce nom qu'il était connu et que je le désignerai désormais, faisait partie de la troupe dans laquelle je venais d'entrer.

L'origine anglaise du clown ne se démentait ni dans son caractère, ni dans ses habitudes.

Flamme de punch était froid, réservé, peu communicatif ; — il évitait, quoique sans affectation, toute familiarité dans ses rapports avec les autres saltimbanques ; — c'est assez dire que si ses camarades ne lui inspiraient pas grande sympathie, il était cordialement détesté par eux.

Chacun dans la troupe faisait des gorges-chaudes à

ses dépens et raillait ses façons de *gentleman*. — On l'appelait ironiquement *Mylord*.

Flamme de punch laissait dire et restait insensible aux moqueries qu'il semblait même ne pas entendre.

Il avait pour sa personne un amour et des soins prodigieux ; — ses humbles vêtements de ville, usés jusqu'à la corde, n'offraient jamais ni une tache ni un accroc, — chose qui paraîtra prodigieuse à ceux qui sont au fait des mœurs et des habitudes des saltimbanques.

En outre, la première clause de son engagement avait été qu'un petit réduit, situé dans l'un des fourgons, serait mis à sa disposition exclusive, afin qu'il en pût faire sa chambre à coucher et son cabinet de toilette.

Ursule Piédefer avait trouvé parfaitement ridicule cette demande insolite, — mais comme elle tenait à attacher à sa troupe le clown dont elle connaissait le merveilleux talent, elle avait consenti.

Les baraques de saltimbanques ont leurs bruits de coulisses et leurs chroniqueurs malfaisants, tout comme les théâtres de Paris.

Là, comme ici, on est au courant de tous les détails de la chronique scandaleuse, relative au personnel de la troupe ; — quand ces détails n'existent pas, on les invente.

En haut comme en bas de l'échelle, on voit que c'est exactement la même chose.

Je n'étais pas depuis huit jours pensionnaire d'Ursule Piédefer, que déjà on jugeait utile de me mettre au courant d'un fait assez bizarre et que chacun donnait pour certain, — à savoir que *Flamme de punch* avait depuis quelques mois inspiré une passion violente à la *Femme à la tête de mort*.

Flamme de punch, — ajoutait-on, — restait complétement insensible aux avances provocantes de la directrice, et aux brûlantes œillades qu'elle lui décochait à travers les trous de son masque de velours.

Le clown, — avec son flegme britannique, — feignait de ne se point apercevoir de l'amour impétueux et si peu déguisé dont il était l'objet, — et peut-être, en effet, ne s'en apercevait-il pas...

Ces Anglais, dans leur originalité calme et glaciale, sont capables de tout!!

Celui-ci continuait son service avec zèle, et donnait à ses sauts de tremplin et à ses exercices d'équilibre un fini irréprochable ; mais, une fois rentré dans la vie privée, il s'enveloppait corps et âme dans le makintosh d'une imperméable réserve.

Ces détails m'étaient racontés par le Cassandre de la bande, devant une demi-douzaine de nos camarades.

— Si cela continue, — dit le paillasse, — notre pauvre directrice en perdra la tête...

— Crois-tu ? — demanda le Pierrot.

— Cela ne fait pas l'ombre d'un doute.

— Eh bien, tant mieux pour elle...

— Pourquoi ?

— Tu ne devines pas ?

— Ma foi non...

— Imbécile !... — Si elle perd la tête qu'elle a, elle aura la chance d'en retrouver une autre à la place, et elle ne peut que gagner au change...

On rit et on se sépara.

XVI

FLAMME-DE-PUNCH

Ce qui devait arriver, et ce qui arriva en effet, est prévu de mes lecteurs.

A partir du moment où l'on me dit qu'une autre femme était passionnément éprise de *Flamme de punch*, et que Flamme de punch repoussait avec une dédaigneuse indifférence l'amour de cette femme, le clown prit dans mon imagination de jeune fille des proportions extraordinaires, — il devint l'objet de ma préoccupation constante, — je ne fus plus un instant sans penser à lui.

Je n'ai ni l'habitude ni la prétention de faire du style, — je dirai donc tout bonnement et sans périphrases que de cette préoccupation à l'amour il n'y avait qu'un pas, — et j'ajouterai que ce pas fut bientôt franchi.

J'aimai le clown timidement, — mystérieusement, — en silence, — dans l'obscurité, — sans songer même à lui dire que je l'aimais, — sans avoir la pensée, par conséquent, de lui faire partager cette tendresse.

Il doit être bien entendu que je ne parle en ce moment que de ma passion à ses débuts, car il n'est pas de flamme, si bien cachée qu'elle soit, qui ne finisse en un temps donné par faire explosion, et l'on a beau concentrer un incendie dans son foyer, l'heure arrive où, brisant ses digues, il jaillira, portant au dehors la lumière et la chaleur.

Mais je n'en étais point encore là.

Quel est le romancier de génie, — n'est-ce pas Balzac? — qui a dit que dans un milieu de fange et de vase on voit naître parfois des fleurs dont le coloris est merveilleux et les parfums incomparables?

Mon amour pour William fut une de ces fleurs.

Je ne crois pas me rabaisser, mais je crois qu'il n'est guère possible, comme position sociale, de descendre plus bas que je n'étais descendue, moi, malheureuse baladine, paradant sur des tréteaux au milieu des carrefours, et recevant sans rougir en plein visage les quolibets obscènes et les ignobles plaisanteries de spectateurs souvent avinés, quelquefois tout à fait ivres.

Je crois, en outre, qu'il serait difficile de trouver une réunion de gens plus tarés, plus perdus de vices de toutes sortes, que ceux au milieu desquels je vivais, vrais gibiers de potence, composant ce qu'on appelle une troupe de saltimbanques.

Et cependant, je l'affirme, l'amour, fleur divine épanouie dans mon âme malgré ce honteux entourage de boue physique et de boue morale, fut, dans son origine, un amour chaste et charmant, tel que le rêvent les poëtes, — tel qu'ils le chantent en leurs vers inspirés.

Rien de matériel ne se mêla d'abord à cette passion exaltée et romanesque.

Il me suffisait, pour être heureuse, de voir Flamme de punch, — d'effleurer en passant les grelots de sa tunique pailletée, — d'être certaine que si son cœur ne battait pas pour moi, il ne battait pas non plus pour une autre...

Aussitôt que j'avais fourni à la représentation du jour mon contingent de danses ou de chansonnettes, je me blottissais derrière l'une des toiles grossièrement badigeonnées qui formaient les coulisses de notre théâtre nomade, et j'assistais, émue, oppressée, ravie, à tous les exercices du clown.

Je ne savais, en vérité, laquelle admirer le plus de sa beauté et de sa grâce.

Il me faisait l'effet d'un sylphe, d'un génie d'une autre nature que la mienne, et d'une essence bien supérieure.

Par instants, j'avais presque la crainte folle de le voir disparaître, pour ne plus revenir, au milieu de quelque auréole éblouissante et surnaturelle.

Tout cela doit sembler, j'en conviens, bien ridicule et bien absurde!!

Sans doute mes lecteurs ne me comprennent guère... — qu'ils songent cependant que j'aimais pour la première fois.

D'ailleurs, si ceux qui s'étonnent avaient vu Flamme de punch, ce qui doit paraître impossible ou tout au moins invraisemblable dans mon amour, serait facilement expliqué.

Peu à peu la nature du sentiment que j'éprouvais se modifia.

Je ressentis un trouble inconnu jusque-là, — une sorte de fièvre du cœur et des sens, parfois douloureuse, et qui cependant n'était pas sans charmes.

Mon ardente organisation commençait à se manifester, — l'élément sensuel se mêlait à une tendresse dans laquelle, jusque-là, l'âme avait eu sa part.

Assez de pathos et de phébus comme cela ! — Voilà bientôt cinq minutes que je pille impudemment le jargon des *Précieuses ridicules!* Laissons là, s'il vous plaît, Cathos et Madelon, — il faut en finir et appeler les choses par leur nom...

J'aimais Flamme de punch comme devait aimer Tullia, la petite fille de Catilina!! — Je l'aimais avec tout mon cœur et aussi avec tout mon être.

Je voulais qu'il le sût, et comme chacun me disait que j'étais belle, — comme j'étais assaillie chaque jour de déclarations passionnées, — je ne doutais pas que le clown ne se trouvât heureux de devenir mon amant.

Mais comment lui faire un aveu qu'il ne songeait

point à provoquer? — Comment fondre cette barrière de glace qui s'élevait entre lui et moi, aussi bien qu'entre lui et les autres?

« *L'esprit vient aux filles par l'amour.* » — C'est le bon La Fontaine qui le dit, et je veux l'en croire sur parole...

Je suis cependant *l'exception* dont parle la grammaire et qui vient fortifier la *règle.* — L'amour, au lieu de me donner de l'esprit, m'ôtait le mien; — je devenais idiote, et je ne savais ni faire naître une occasion d'attirer sur moi l'attention de Flamme de punch, ni même profiter de cette occasion quand elle se présentait par hasard.

Enfin, un soir, décidée à en finir à tout prix, je m'armai de courage et m'approchant du clown dans la coulisse, je lui dis, — en baissant les yeux, et d'une voix tellement émue qu'elle devait être à peine distincte :

— Il faut que je vous parle...

— A moi? — demanda-t-il en me regardant avec étonnement.

— Oui, à vous... j'ai quelque chose à vous dire.

— Ne pouvez-vous me le dire ici, tout de suite?

— Non...

— C'est donc un secret?

— C'est un secret...

— Eh bien, après le spectacle, si vous voulez...

— Où?

— Derrière les baraques de la ménagerie.

— Soit, — mais ne risquerai-je pas d'être entendue par d'autres que par vous ?...

— En aucune façon... il sera dix heures passées... — à dix heures la place est déserte, et tout le monde est couché dans la ville...

J'ai oublié de prévenir mes lecteurs que tout ceci se passait dans une très-petite ville, ou plutôt dans un gros bourg du département de la Somme.

Après être convenus de ce rendez-vous, dont le but mystérieux semblait l'intriguer singulièrement, Flamme de punch entra en scène pour exécuter la danse des poignards.

Voici en quoi consistait cette danse :

Une vingtaine de poignards étaient fixés dans le sol par la poignée, et formaient des dessins irréguliers.

Le clown, — les yeux bandés, — exécutait au milieu de leurs pointes menaçantes les figures d'une danse vive et rapide.

Flamme de punch n'avait pas de rivaux dans ce dangereux exercice que je ne pouvais voir sans éprouver une involontaire et profonde terreur, qui faisait tressaillir mes nerfs.

Le spectacle s'acheva.

La foule s'écoula bruyamment ; — j'allai quitter mon costume de théâtre, tandis que le clown, enfermé dans sa cellule, revêtait ses habits de ville.

Aussitôt ma toilette terminée, — et Dieu sait si elle

fut courte, — je sortis furtivement et j'allai attendre derrière les baraques recouvertes de toiles qui renfermaient les cages des bêtes fauves.

La place était déserte et silencieuse, — la nuit profonde, — pas une étoile ne brillait au ciel.

On ne saurait se figurer quelque chose de plus profondément triste que l'aspect d'une petite ville de province après dix heures du soir.

Les portes et les boutiques sont fermées, — les lumières éteintes, — tout dort et tout se tait.

A voir ces maisons mornes et noires, d'où ne s'échappe ni un bruit, ni un souffle, ni une lueur, on se croirait dans une de ces villes désertes dont parlent les contes orientaux, ou dans l'une de ces cités maudites changées par la peste en un vaste et lugubre sépulcre.

J'étais tremblante d'émotion.

Je regrettais d'avoir sollicité ce rendez-vous, et cependant, — pour rien au monde, — je n'aurais voulu que Flamme de punch me manquât de parole.

J'attendis quelques minutes, — un demi-quart d'heure peut-être... tout au plus...

Au bout de ce temps, une forme plus sombre sembla se détacher des ténèbres et s'avança vers moi.

Je balbutiai :

— Est-ce vous ?

— C'est moi... — répondit une voix que je reconnus aussitôt pour celle du clown, — voix douce et pure, — trop douce et trop harmonieuse peut-être pour celle d'un homme.

Flamme de punch fit quelques pas encore, — puis se trouvant assez près de moi pour pouvoir me parler presque tout bas, il s'arrêta et il reprit :

— Vous le voyez, mademoiselle Florestane, je ne me trompais point en vous affirmant que la place serait déserte et que personne ne songerait à nous écouter... Nous sommes absolument seuls, et me voici tout disposé à entendre le secret que vous voulez me confier, m'avez-vous dit...

L'entretien débutait mal.

Comment faire une confidence amoureuse à un homme qui vous aborde avec cette politesse glacée ?

Je ne répondis pas. — Mon embarras grandissait de seconde en seconde.

Flamme de punch laissa s'écouler quelques instants, puis, voyant que je restais muette, il demanda :

— Me suis-je donc trompé, mademoiselle Florestane, en croyant comprendre que vous aviez quelque chose de particulier à me dire ?

— Non, — murmurai-je, — vous ne vous êtes pas trompé...

— Eh bien, mademoiselle, j'attends....

— Etes-vous donc si pressé, monsieur William ?

— En aucune façon, mademoiselle, et je resterai à vos ordres aussi longtemps que cela pourra vous convenir...

Toujours cette politesse froide, écrasante, qui me paralysait et ne me laissait ni la faculté de trouver une idée, ni celle de placer un mot !..

Je fus au moment de fondre en larmes.

Mais je pensai aussitôt que ces larmes sembleraient à Flamme de punch le comble du ridicule, et j'eus la force de me contenir.

A coup sûr, en ce moment, le clown dut se dire que j'étais folle, ou que j'avais l'intention de me moquer de lui.

La crainte qu'il ne s'arrêtât à cette dernière supposition me rendit un peu de force.

Je balbutiai :

— Vous avez beaucoup de mépris pour moi, monsieur William, n'est-ce pas ?

Le clown ne put retenir un geste de surprise, que j'aperçus malgré les ténèbres.

— Du mépris pour vous, mademoiselle ! — s'écria-t-il, — et pourquoi donc aurais-je du mépris ?

— Parce que je suis une saltimbanque...

— Et moi, mademoiselle, que suis-je donc ?

— Oh ! vous, c'est bien différent !...

— Différent, dites-vous ?

— Certes !

— En quoi ?

— Je ne pourrais vous le dire, mais si vous saviez combien je vous trouve au-dessus de moi...

— Et vous avez tort, mademoiselle...

— Je ne crois pas...

— Je vais vous le prouver... — S'il y a une différence dans nos positions, cette différence est tout entière à votre avantage... — Vous êtes comédienne... moi je ne suis que bateleur...—Votre profession touche au domaine de l'intelligence et de l'art... la mienne ne demande qu'un peu d'adresse et d'agilité...—Vous êtes une artiste... je suis un clown...—Vous voyez bien que je ne puis pas vous mépriser, mademoiselle, ou me croire au-dessus de vous...

— Non, monsieur William, — répliquai-je, — non, vous avez beau dire, vous ne me convaincrez point, et je ne suis pas votre égale... — C'est un triste métier que nous faisons tous les deux. mais vous avez trouvé moyen de le rehausser en vivant en dehors de notre vie commune, à nous autres saltimbanques. — Vous n'êtes pas le camarade de ces gens-là, monsieur William, et c'est pour cela que vous leur êtes bien supérieur... — Ils vous détestent, mais ils vous admirent, mais ils vous estiment...

Mes regards étaient si ardemment fixés sur le visage de Flamme de punch, que je pus voir à travers l'obscurité une sorte de sourire se dessiner sur ses lèvres.

— Mademoiselle Florestane, — me dit-il, — puis-je vous demander si le secret que vous devez me confier est tout simplement l'aveu de l'estime et de l'aversion que je vous inspire?

— Moi, vous haïr ! —m'écriai-je impétueusement,— pouvez-vous le croire?...

— Ne venez-vous donc pas de parler au nom de tous nos camarades ?

— Au nom de tous, peut-être, excepté au mien... — Moi, je ne vous hais pas... je vous aime...

Cet aveu s'échappa de mes lèvres presque à mon insu, et sans qu'il me fût possible de le retenir.

La situation m'avait emportée.

Mais combien le résultat de ce cri de mon cœur fut loin d'être ce que j'espérais.

William prit l'une de mes mains entre les siennes et la serra doucement, avec un calme décourageant qui équivalait à un coup de couteau donné dans mon amour.

— Merci de cette affection que vous me témoignez, chère Florestane, — me dit-il ensuite. — Vous valez mieux mille fois que tout ce qui vous entoure, ce n'est pas d'aujourd'hui que je m'en aperçois... — Moi aussi, je me sens disposé à vous aimer... — Si vous voulez, je serai votre frère...

Mon frère ! il me proposait d'être mon frère !

Tout ce qu'il avait à m'offrir, à moi, — à moi fille amoureuse, et belle, et provocante, — c'était une affection froide et paisible !

Quel échec pour mon amour, et aussi pour mon amour-propre !

J'en fus un instant comme écrasée.

Mais ma nature est de celles qui se raidissent contre les obstacles, et qui puisent une force nouvelle dans les difficultés presque insurmontables qu'il faut combattre.

Je ne me tins pas pour vaincue...

XVII

AMOURS IMPOSSIBLES

Je repris courage, et je dis :

— Ecoutez-moi, William... — Vous ne savez pas qui je suis... vous ne savez rien de mon passé, et, pour me comprendre, il faut me connaître... Je vais mettre ma vie sous vos yeux, et, quand vous m'aurez écoutée, vous déciderez si vous voulez toujours être mon frère...

Et alors, en peu de mots, avec une fébrile exaltation qui devait me rendre presque éloquente, je racontai à Flamme de punch l'histoire de mon enfance...

Je lui dis tout, — absolument tout, — les propositions de Guiseppe Scarlati, — l'infamie de ma mère, — ma fuite de Paris, — les hasards de ma vie bohèmienne, — sans ajouter un mot qui ne fût l'expression de la vérité, à cette histoire si simple et si triste.

Quand j'eus achevé, je pris dans mes mains les deux mains du clown et je les serrai avec une ardeur de passion qui, je le croyais du moins, devait être communicative.

Ensuite j'ajoutai :

— Vous me connaissez maintenant… — vous savez que je n'ai jamais aimé… — vous savez que jamais les lèvres d'un homme n'ont touché les miennes… — On dit que je suis belle… vous voyez que je suis pure… Eh ! bien, je vous aime, William… je vous aime à en devenir folle… je vous aime à en mourir… — je vous aime avec mon cœur qui ne bat que pour vous… avec mon corps entier qui frémit au contact du vôtre… — Mon amour vierge et mes dix-huit ans, je vous offre tout… Acceptez-les… ils ne seront qu'à vous… — mais ne me répétez point que vous serez mon frère… je ne veux pas… je ne veux pas…

Puis, cédant à un transport subit et irrésistible, je m'élançai dans les bras de Flamme de punch, — je m'enlaçai autour de lui comme une liane, — ma bouche chercha la sienne et la trouva dans l'obscurité…

Je le sentis tressaillir violemment, — avec une sorte de terreur, — sous cette étreinte inattendue.

Ses lèvres frissonnèrent sous les miennes, — ses mains ne se nouèrent point autour de ma taille cambrée et frémissante, — il ne me rendit point mon baiser…

On eût dit, — chose étrange! — qu'il craignait d'effleurer mon visage avec son souffle...

Il m'éloigna doucement de lui, et je l'entendis murmurer :

— Pauvre enfant... pauvre enfant...

— Pourquoi me plaignez-vous ? — m'écriai-je impétueusement. — Vous ne voulez donc pas m'aimer ?...

— Ah! je le voudrais... — balbutia-t-il. — Oh! oui, chère et belle enfant, je le voudrais... je le voudrais....

Il s'interrompit.

— Eh bien ?... — demandai-je d'une voix brisée.

— Hélas!... je ne peux pas...

— Vous ne pouvez pas m'aimer!...

— Je ne peux pas t'aimer comme il faut qu'on t'aime... comme tu m'aimes, toi!... je ne peux pas t'aimer d'amour...

— Mais pourquoi, enfin ? — pourquoi ? — murmurai-je avec désespoir.

William garda le silence.

Je repris :

— Ah! je comprends tout... je devine tout...

— Que devines-tu ? que comprends-tu ?...

— J'ai une rivale.... — Vous aimez une autre femme...

— Non, — dit le clown, — je n'aime personne...

— Est-ce vrai, cela ?

— Je te le jure...

— Mais, non, non, c'est impossible ! ! — Si vous n'aimiez personne, vous pourriez m'aimer, moi... et vous ne pouvez pas...

— Je dis la vérité, ma pauvre Tullia...

— Vous ne la dites point tout entière... — Eh bien, je vous en supplie, je vous le demande à genoux, ne me cachez rien... — Expliquez-moi quelle barrière s'élève entre nous... et, si elle est infranchissable, je vous jure que je me résignerai et que je ferai taire mon amour... quand je devrais périr à la tâche...

— Ne m'interroge pas... — balbutia Flamme de punch.

— Pourquoi ?

— Je ne pourrais répondre...

— Il y a donc un secret ?

— Peut-être...

— Et, ce secret, vous refusez de me l'apprendre ?

— Oui...

— Aujourd'hui, mais demain ?

— Demain comme aujourd'hui...

— Ainsi, je ne saurai jamais ?

— Jamais...

La voix de Flamme de punch répéta deux fois le mot : *jamais !* — ce mot terrible, — ce mot inscrit, dit-on, aux voûtes de l'enfer, et qui répond aux plaintes et aux supplications des damnés demandant leur délivrance.

Puis le clown, — désirant sans doute que l'entretien ne se prolongeât pas davantage, — disparut dans les ténèbres, où il me sembla qu'il venait de s'évanouir comme une vision de l'autre monde....

Je ne saurais dire toutes les idées étranges qui passèrent comme un ouragan dans ma pauvre tête affolée, quand je me trouvai seule sur la place déserte où venait d'avoir lieu cet entretien désespérant, dont chaque parole se gravait dans mon esprit et déchirait mon cœur.

J'étais folle, —oui, folle, car je me demandai sérieusement si Flamme de punch n'était pas un esprit, infernal ou divin, envoyé sur la terre et revêtu d'une forme humaine pour y consommer l'expiation de quelque faute inconnue, et à qui, sans doute, les lois du ciel ou de l'enfer défendaient de s'unir par les liens de l'amour aux filles des hommes....

C'était insensé, j'en conviens... — mais, à tout prendre, ce n'était pas invraisemblable, surtout pour une imagination exaltée et fascinée, comme devait l'être et comme l'était en effet la mienne en ce moment...

La beauté de Flamme de punch, — son incompréhensible souplesse, — sa force inexplicable avec une nature presque frêle, — son surnom lui-même, — le mystère dans lequel il s'enveloppait, — et surtout ces paroles étranges, incompréhensibles, inouïes : — *Je voudrais aimer... je voudrais... je ne peux pas...* — tout cela ne devait-il pas me faire envisager le clown comme un être surnaturel ?

— C'est peut-être un démon que j'aime, — murmurai-je avec une entière bonne foi, — je suis perdue...

Et, toute frissonnante d'épouvante, je regagnai la chambre commune, sorte de dortoir improvisé où couchaient toutes les femmes qui faisaient partie de la troupe d'Ursule Piédefer.

A mon réveil le cours de mes idées avait changé, et au milieu des larmes muettes que m'arrachaient mon espoir déçu et la souffrance de mon cœur meurtri, j'avais un sourire de pitié pour le souvenir de mes nocturnes terreurs.

Plusieurs jours s'écoulèrent sans rien amener de nouveau dans la situation.

William, — comme si rien ne se fût passé entre nous, — ne semblait ni me chercher, ni me fuir. — Je remarquai cependant qu'il évitait avec soin les occasions de se trouver seul avec moi.

Cette particularité, que j'interprétai dans le sens le plus favorable à mes désirs, m'empêcha de succomber à un découragement absolu...

Je me dis que, puisque le clown évitait le tête-à-tête avec moi, c'est qu'il le considérait comme dangereux pour lui. — Or, redouter le péril, c'est le reconnaître, et mes lecteurs connaissent aussi bien que moi le seul péril qu'un jeune garçon puisse courir auprès d'une belle fille de dix-huit ans...

En conséquence, je m'efforçai de faire naître ces occasions que Flamme de punch voulait fuir.

Mais, — soit que je m'y prisse mal, soit que le clown

fût plus adroit que moi, — il semblait deviner me ruses les mieux ourdies et les déjouait sans peine.

Je n'obtenais aucun résultat, et j'étais bien près de perdre à la fois courage et confiance.

A toutes ces petites douleurs vint se joindre, un soir, une torture atroce, et encore inconnue de moi jusquelà ; — je veux parler de la jalousie.

Il n'était bruit dans toute la troupe, — je l'ai déjà dit, — que des sentiments d'amoureuse bienveillance inspirés par le clown à notre directrice, la femme à la tête de mort.

Mais comme l'indifférence de William n'était pas moins bien constatée que la passion folle d'Ursule Piédefer, cette dernière ne me causait nul ombrage ; — peut-être même éprouvais-je pour elle un peu de pitié compatissante.

Le soir en question, je m'étais placée dans une coulisse, tout près de Flamme de punch.

Une simple toile me séparait de lui, — je l'entendais respirer. — Il ne me voyait pas, et personne ne se doutait que je fusse là.

La toile grotesquement peinte qui servait de rideau d'avant-scène venait de tomber entre le public et le théâtre, afin de séparer par un entr'acte de quelques minutes les deux parties de la représentation.

La Femme à la tête de mort, — le visage caché sous le masque de velours noir qui déguisait son épouvantable laideur, — s'approcha du clown, et croyant n'être entendue que de lui, elle dit, presque dans les mêmes termes dont je m'étais servie une ou deux semaines avant ce moment, mais certes avec plus d'aplomb que je n'en avais montré en pareille occurrence :

— Flamme de punch, il faut que je te parle.

— A moi, madame? — demanda le clown, ainsi qu'il me l'avait demandé, et avec une pareille surprise.

— Oui, à toi... — J'ai quelque chose à te dire... — J'ai un secret à t'apprendre.

— Ah ! — fit simplement William.

Ursule Piédefer poursuivit :

— Je t'attendrai après le spectacle...

— Où ?

— Dans ma baraque.

— C'est bien.

— Viendras-tu ?

— J'irai.

— J'y compte... — Ne parle à personne de ce rendez-vous... — Il est inutile qu'on soupçonne qu'il y a un secret entre nous... — Viens quand tout le monde sera couché, — frappe trois coups à la porte, et je t'ouvrirai.

— Tout cela sera fait, madame, et vous pouvez être tranquille...

Ursule Piédefer s'éloigna, et je me sentis le cœur serré par une angoisse atroce et mordu par la jalousie.

Qu'allait-il se passer à ce nocturne rendez-vous, sollicité, ou plutôt exigé par la directrice ?

Ursule Piédefer aimait Flamme de punch...

Elle allait, à coup sûr, lui parler de cet amour; — elle allait le lui imposer peut-être...

Elle allait se montrer maîtresse impérieuse et non pas amante agenouillée, — elle allait donner des ordres au lieu de murmurer une prière...

Et qui sait si Flamme de punch aurait le courage, — la présence d'esprit, — la possibilité de la résistance?

Vainement je me disais que j'étais belle, et que, puisque j'avais été vaincue, la Femme à la tête de mort ne triompherait pas...

La jalousie ne se laisse point désarmer par des raisonnements vrais ou faux. —L'essence de cette passion terrible est de croire ce qu'elle redoute, —*même* quand cela est absurde, —*surtout* quand cela est absurde.

A tous les sophismes de mon esprit, la jalousie répondait : — Qui sait?... — Je me sentais devenir folle à force de souffrance !

Enfin, je pris un parti.

Je résolus d'en finir à l'instant avec ce doute et avec cette anxiété, — je résolus de savoir à quoi m'en tenir, — de tout voir par mes propres yeux, — en un mot, d'assister à la scène qui allait avoir lieu entre Ursule Piédefer et Flamme de punch.

XVIII

OU LE MASQUE TOMBE

Il était, sinon facile, du moins possible, de mener à bonne fin la résolution que je venais de prendre.

Le logement particulier de la directrice se trouvait dans une grande baraque roulante, partagée en deux parties, dont l'une servait de chambre à coucher, et l'autre de magasin de costumes.

Depuis le magasin on pouvait, à travers les nombreuses fissures de la cloison, voir et entendre tout ce qui se passait dans la chambre à coucher.

Je n'avais plus rien à faire en scène. — Je quittai immédiatement le théâtre, je me glissai dans le magasin, à l'insu d'une sorte de vieille habilleuse préposée à la garde et à l'entretien des costumes, — je me cachai derrière un amas de défroques hors de service, suspendues à des porte-manteaux...

Là, j'attendis, immobile et retenant mon haleine.

Vers dix heures la gardienne se retira, fermant et cadenassant avec soin la porte du magasin.

J'étais sous clef pour jusqu'au lendemain matin, et parfaitement certaine que rien ne viendrait me déranger.

Je quittai ma cachette, où j'étouffais faute d'air, et je m'approchai de la cloison qui me séparait de la chambre encore déserte de la directrice.

Au bout de quelques minutes j'entendis craquer l'escalier de la baraque, — une porte s'ouvrit, — des rayons lumineux filtrèrent jusqu'à moi à travers les planches disjointes.

Ursule Piédefer rentrait chez elle.

Je cherchai la plus large de ces fissures dont je viens de vous parler, et je regardai.

La femme à la tête de mort était encore revêtue de la longue robe noire, semée de larmes blanches et d'ossements en croix, avec laquelle elle venait d'épouvanter les badauds.

Son masque et son capuchon avaient été soigneusement remis et rattachés.

Elle tenait d'une main une petite lanterne, et de l'autre un sac rempli de gros sous, parmi lesquels s'égaraient sans doute quelques pièces blanches. — Ce sac contenait la recette de la dernière représentation.

Ursule Piédefer posa sa lanterne sur une table, —

elle ouvrit, avec une petite clef suspendue à son cou, une caisse de fer d'une dimension et d'un poids imposants, dans laquelle elle jeta le sac sans même en avoir vérifié le contenu, ce qui, chez elle, devait être l'indice d'une bien puissante préoccupation.

Ensuite elle alluma deux bougies, et, se plaçant devant un miroir suspendu à la cloison, elle ôta la longue robe flottante qui l'enveloppait.

Sous cette robe elle était vêtue d'un costume plein de grâce et de coquetterie, combiné pour mettre en valeur cette merveilleuse beauté plastique de son corps, formant un contraste si étrange avec la laideur épouvantable de son visage.

Ce costume, — très-simple d'ailleurs, — consistait en un corsage de velours noir, échancré de façon à laisser voir à demi sa poitrine éblouissante, — et en une jupe courte, à très-gros plis, d'une étoffe de soie à larges rayures de couleur cerise et gris perle.

Ursule Piédefer portait des bas de soie blancs et des souliers à talons rouges et à boucles d'argent.

Ainsi parée, — et avec son masque de velours qui tranchait vivement sur la blancheur mate de son cou, — la femme à la tête de mort semblait prête à partir pour un bal déguisé.

En la voyant si belle, un frémissement de jalousie inexprimable agita tout mon être. — Mais je me souvins aussitôt de la hideuse figure qui se cachait derrière le masque, et ce souvenir me calma.

Après avoir rajusté avec un soin minutieux quelques-unes des parties de sa toilette, Ursule Piédefer s'assit, — appuya son coude sur la table et sa tête sur sa main, et s'absorba dans une profonde rêverie.

Trois petits coups, frappés contre le porte à intervalles égaux, la tirèrent de cette rêverie.

C'était le signal indiqué par elle au clown.

Elle tressaillit, — se leva vivement, — courut à la porte et l'ouvrit.

Flamme de punch entra dans la chambre, — si je puis ainsi nommer une sorte de cabine de cinq ou six pieds carrés.

En le voyant mon cœur cessa de battre.

Ursule Piédefer le prit par la main, — le fit asseoir, — s'assit elle-même à côté de lui, et, sans prononcer une parole, se mit à le regarder avec une admiration extatique.

A travers les trous de son masque ses grands yeux étincelaient comme deux diamants noirs.

Le clown était très-pâle. — Il me parut encore plus beau que de coutume.

Sous le regard ardent d'Ursule Piédefer il semblait embarrassé comme une jeune fille qu'intimident et que troublent des regards trop audacieux.

— Madame, — dit-il au bout d'un instant, — je me suis rendu à la prière que vous m'avez faite, ou plutôt j'ai obéi à l'ordre que vous m'avez donné... J'attends qu'il vous plaise de m'expliquer ce que vous désirez de moi...

— William, — demanda vivement Ursule, — ne sais-tu vraiment pas ce que je veux te dire ?...

— Non, madame, — murmura le clown.

— Eh bien ! — s'écria impétueusement Ursule, — apprends-le donc puisque tu prétends l'ignorer... puisque tu ne l'as pas lu dans mes yeux... — William, je t'aime...

Le clown baissa les yeux et garda le silence.

— Je t'aime... — répéta Ursule, — je t'aime, entends-tu ! je t'aime !!

Et elle ajouta, avec une étrange audace, en femme qui va droit au but.

— Je t'aime et je veux être aimée !!

— Ceci, — répondit William avec un sang-froid égal au cynisme ardent de la directrice, — ceci, madame, n'est pas dans mon engagement...

Ursule Piédefer reçut le coup sans faiblir, tandis qu'au fond de ma cachette, mon cœur bondissait de joie.

— Dis-moi la vérité, — fit-elle, — toute la vérité ! — Je t'inspire de l'horreur, n'est-ce pas ! — mon amour t'épouvante ?

— Vous ne m'inspirez nulle horreur, madame, — répliqua le clown, — je n'éprouve pour vous aucun des sentiments d'aversion ou d'effroi que vous supposez...

— Cependant tu repousses mon amour !!

— Pas plus le vôtre que celui de toute autre femme... — Je ne peux pas aimer...

Toujours ces mêmes mots : — *Je ne peux pas ai-*

mer ! — Toujours cette parole mystérieuse que Flamme de punch m'avait dite à moi-même !

Ursule s'écria :

— Tu mens! — ma laideur seule t'empêche de répondre à mon amour. Mais si je suis laide, je suis riche, et tu n'as qu'un mot à dire pour que ma richesse soit à toi...

— Madame, — répondit sèchement le clown, — je ne sais pas si vous avez l'habitude d'acheter de l'amour, mais je sais bien, moi, que je n'en ai jamais vendu !!

— Écoute-moi, William, et comprends-moi mieux... — Tu vois dans ce que je te dis une offense, et tu as tort ! — N'est-il pas naturel et juste qu'entre ceux qui s'aiment tout soit commun ?... — Si tu étais riche, si j'étais pauvre, et si tu m'aimais, te figures-tu que je refuserais de partager avec toi ? — Peut-être ne crois-tu pas à ma fortune, William ? — Elle existe, pourtant... elle est, relativement, énorme... — J'ai plus de cent mille francs à moi... — Veux-tu les voir ?... — Je te les montrerai... — Eh bien ! ne nous quittons plus... — Sois mon compagnon, — mon associé, — mon amant. — Tu seras le maître ici comme je suis la maîtresse... — Les cent mille francs seront à toi comme ils sont à moi... — Dis, veux-tu ?...

— C'est toujours se vendre, madame, — je ne veux pas.

— Eh bien ! me diras-tu qu'il est honteux, quand on est pauvre, d'épouser une femme riche ? — Non, n'est-ce pas ?... — Deviens mon mari, William, et je te donnerai, par contrat de mariage, tout ce que je possède...

Le clown secoua la tête.

— Acceptes-tu? — demanda Ursule.

— Je refuse...

La Femme à la tête de mort se tordit les mains avec les signes non équivoque d'un profond désespoir.

— Ah! — s'écria-t-elle, — être dédaignée, repoussée, détestée à ce point!! — Mieux ne vaudrait-il pas mourir? — Oh! ma laideur, ma laideur monstrueuse, je te maudis!! — Si j'étais belle, me refuserait-i ainsi?

— Oui, madame, — répliqua le clown, — si vous étiez aussi belle de visage que vous êtes riche, et si vous m'offriez encore d'être votre mari, je vous répondrais, comme je le fais : — Je ne peux pas!...

— Tu me dirais cela, William?

— Je le dirais, oui, madame...

— Eh bien! regarde-moi donc, alors, et dis-le!!

En prononçant ces derniers mots avec un emportement passionné, Ursule Piédefer arrachait le capuchon et le masque qui cachaient sa tête de mort.

Quel coup de théâtre!...

J'ai assisté, dans ma vie, à la représentation de bien des mélodrames, — dans aucun je n'ai rencontré un *effet* qui puisse se comparer à celui-là.

Que mes lecteurs en jugent.

Au lieu de la tête de squelette, effroyable monstruosité à laquelle les yeux de Flamme de punch et les miens étaient habitués, et qu'ils s'attendaient à revoir, le visage qui sortit du masque fut un visage de femme, frais, délicieux, irréprochable, couronné par une chevelure brune abondante et soyeuse.

Tout, dans cette ravissante figure, était étincelant, — les chairs fermes et rosées, — les lèvres couleur de corail, — les yeux brillants, — les sourcils arqués correctement, — le menton et les attaches du cou d'un modelé de statue grecque.

La tête était digne du buste !

L'ensemble de ce corps et de ce visage réalisait un type d'une admirable et complète beauté.

Flamme de punch poussa un cri de surprise.

Moi, dans les ténèbres de ma cachette, je me sentis près de défaillir.

Ursule, radieuse et fière, semblait une jeune déesse, — la déesse de l'amour et de la volupté, — la Vénus aphrodite.

— Eh bien ! — demanda-t-elle après avoir savouré pendant un instant la stupeur admirative de William, le plus complet éloge de sa féerique transfiguration, — eh bien ! diras-tu encore que tu ne peux pas m'aimer ?...

— Vous êtes bien belle, madame, oui, bien belle, — répondit le clown, — vous êtes belle à damner un saint... et cependant...

William parut hésiter.

— Cependant ? — murmura Ursule haletante.

— Ce que je vous ai dit tout à l'heure, — acheva le clown, — il me faut vous le répéter...

— Quoi, tu refuses tout!! — ma beauté, ma fortune...

— Croyez, madame, que de ces deux choses, je ne regrette que votre beauté!...

— Mais je t'aime, moi, William... — je t'aime éperdûment!! — Sans toi, sans ton amour, que veux-tu que je devienne?...

— Vous m'oublierez, madame... — vous m'oublierez d'autant plus vite que vous ne me verrez plus...

— Ne plus te voir? — s'écria Ursule, — et pourquoi?

— Demain je quitterai cette troupe... je m'éloignerai...

— Pour me fuir, n'est-ce pas?

— Non, — pour vous rendre le repos...

— Où iras-tu?

— Je n'en sais rien...

— William, je t'en conjure, renonce à ce projet!... Que tu puisses ou non m'aimer, ne pars pas!...

— Vous voyez bien que mon départ est nécessaire.

— Reste, je t'en supplie!... — reste... — je te le demande à genoux...

Et ma belle rivale s'agenouillait en effet devant le clown, qui tentait vainement de la relever.

Elle reprit, en saisissant les mains de Flamme de punch, et en les pressant contre ses lèvres avec des transports et des larmes

15.

— Ecoute... je te jure de ne plus te parler d'amour... tu seras libre de ne pas m'aimer... libre d'éviter ma présence... — jamais tu ne me rencontreras sur ton chemin... — jamais je ne viendrai t'importuner d'une parole de tendresse... — mais au moins je te verrai de loin... — je saurai que tu es là, et cela m'aidera à vivre... — Tu vois bien que me voilà suppliante à tes pieds... — J'ai la tête perdue... — Si tu partais, le peu de raison qui me reste s'en irait avec toi... Je deviendrais folle... complétement folle... et ne le suis-je pas déjà?... — Voyons, sois généreux... — Je ne t'ai jamais fait de mal, après tout!! — ce n'est pas ma faute si je t'aime... Il faut me pardonner... — Si ce n'est par amour, reste au moins par pitié!!... — Eh bien, resteras-tu?...

— Puisque vous le voulez, — balbutia le clown, — soit! j'y consens... Mais ce sera peut-être pour notre malheur à tous deux...

— Ainsi, tu ne partiras pas?
— Non.
— Bien vrai?
— Je n'ai jamais menti.
— Ainsi, tu me promets de rester?
— Je vous le promets...
— Tu me le jures, William?
— Je vous le jure... — Maintenant, êtes-vous tranquille?...

— Oui, tranquille, et presque heureuse... — Heureuse de savoir qu'au moins je te verrai toujours...

J'ai sténographié de mon mieux, pour mes lecteurs, la partie la plus saillante de ce bizarre entretien.

La conversation entre Ursule Piédefer et le clown se prolongea pendant quelque temps encore, — mais ce fut une causerie intime, amicale, à laquelle la passion n'avait plus de part.

Ma rivale expliquait à Flamme de punch les raisons qui l'avaient déterminée à adopter cet étrange et hideux déguisement que personne au monde n'avait soupçonné jusqu'alors.

Elle lui disait comment, décidée à faire fortune à tout prix, elle avait résolu de devenir, pour ceux qui l'approchaient chaque jour aussi bien que pour le public lui-même, *la Femme à la tête de mort*.

Une tête de squelette avait été fabriquée à son intention, moitié en cire, moitié en ivoire, par un ouvrier d'une habileté prodigieuse, habitué d'ailleurs à travailler pour les musées de pièces anatomiques.

Un mécanisme ingénieux communiquait le mouvement aux mâchoires et faisait s'entrechoquer les dents.

Ursule Piédefer ne portait cette tête horrible sous son masque de velours que lorsqu'elle allait paraître sur le théâtre pour une exhibition.

Le reste du temps, le masque ne cachait que sa fraîche et gracieuse figure.

— Mais pourquoi, — demanda William, — vous condamner sans cesse et pour tous à cette apparente monstruosité ?

— C'était l'unique moyen d'atteindre sûrement mon

but... — répondit Ursule. — Pour que cette monstruosité dont tu parles excitât véritablement la curiosité du public, il fallait que je fusse entourée uniquement de gens convaincus, me servant de compères à leur insu...
— Qu'une seule personne connût mon secret, et bientôt la Femme à la tête de mort tombait dans la catégorie des phénomènes de pacotille, — veaux à deux têtes, dont l'une postiche, — homme amphibie à queue de poisson dont un enfant de cinq ans distinguerait sans peine les écailles de zinc estampé... — J'avais fait le sacrifice de ce qu'une femme a de plus précieux et de plus cher, — sa beauté, — mais au moins ce sacrifice a été payé par une fortune !... — Aujourd'hui je suis riche, et le jour où je voudrai que, devant tous, mon masque tombe, chacun dira que je suis toujours belle !!

— Allez-vous donc, — demanda William, — allez vous cacher encore, sous ce velours, vos traits charmants?

— Oui, certes, je remettrai mon masque !...

— Pour longtemps?

— Cela dépendra de toi, William...

— De moi?

— Oui, de toi seul...

— Comment?

— Je ne veux mettre bas mon masque et reconquérir ma beauté que le jour où tu me diras que tu m'aimes...

— Alors, — répliqua le clown, — dites à votre beauté, madame, un éternel adieu...

— Tu es cruel, William ! oh ! bien cruel !...

— Non, madame... vous vous trompez... — seulement je voudrais, et cela surtout pour vous, étouffer dans son germe cet amour impossible dont vous m'aviez promis, d'ailleurs, de ne me plus parler...

— Tu as raison, — dit Ursule, non sans quelque amertume, — j'ai fait une promesse... — je tâcherai de ne plus l'oublier...

Au moment où ma rivale prononçait ces paroles, minuit sonnait à l'horloge d'une église voisine.

Ursule et Flamme de punch se séparèrent.

— Ah ! — murmura la jeune femme après avoir refermé la porte que le clown venait de franchir, — j'avais espéré mieux !... — Je suis vaincue !... honteusement vaincue !... Mais j'ai obtenu cependant qu'il reste, et c'est beaucoup, cela !... — Je n'ai pas dit mon dernier mot ! — Qui vivra verra... il faut savoir attendre...

Après ce court monologue, Ursule se deshabilla rapidement, — elle se jeta sur son lit avec une sorte de rage, — elle éteignit les bougies, et la baraque entière se trouva plongée dans une obscurité profonde.

Quoique les dernières paroles prononcées par ma dangereuse rivale ne fussent pas de nature à me rassurer, — les émotions des deux dernières heures avaient été si vives que je me trouvais écrasée de fatigue et que je sentais bien que j'allais succomber au sommeil.

Je décrochai un monceau de costumes que j'étendis sur le plancher de façon à m'en faire une espèce de lit.

Je m'étendis sur cette couche improvisée, et, avant que cinq minutes se fussent écoulées, je dormais profondément.

Le lendemain matin je fus réveillée par le bruit que faisait la vieille gardienne en ouvrant la porte du magasin...

Je me réfugiai dans un coin sombre et j'attendis que l'occasion se présentât de sortir furtivement, — de même que j'étais entrée la veille au soir, — occasion qui ne se fit pas attendre.

J'étais brisée, et mon visage pâle et défait, mes paupières rougies, semblaient attester une nuit étrangement orageuse.

Mes compagnes du dortoir s'étaient aperçues de mon absence, et comme il leur arrivait fréquemment de ne point rentrer, pour des motifs qu'on devine sans peine, elles supposèrent qu'un motif du même genre m'avait retenue au dehors et il me fallut subir le déluge de leurs félicitations ironiques et de leurs commentaires éhontés.

Je les laissai dire et croire ce qu'elles voulurent, — en me contentant de ne rien leur répondre.

Elles m'appelèrent *hypocrite* et *sainte n'y touche!*...

Peu m'importait. — Je haussai les épaules. — Elles se fatiguèrent de parler sans être contredites, et tout fut fini.

Cependant William tenait fidèlement la parole donnée par lui à Ursule Piédefer.

Il continuait à faire partie de la troupe, et ne manifestait en aucune façon la pensée et le désir de s'en séparer.

Quant à notre directrice, elle passait, plus que jamais, pour la *Femme à la tête de mort*.

Flamme de punch et moi, seuls, avions son secret, et je n'ai pas besoin de dire que ce secret était bien gardé.

Je passe sans m'arrêter sur un intervalle de deux ou trois semaines pendant lesquelles il me fut impossible d'échanger avec le clown plus que quelques phrases insignifiantes, tant il mettait de soin et d'habileté à éviter toute espèce d'entretien particulier.

Mes lecteurs comprendront sans peine à quel point une nature ardente et impressionnable comme la mienne devait souffrir de cette insupportable contrainte...

Ma passion, — toujours surexcitée par la jalousie, quoique la preuve m'eût été donnée qu'Ursule Piédefer n'était pas plus favorisée que moi, — ma passion, dis-je, avait atteint ces proportions de violence et de folie qui ne se rencontrent guère que dans les drames et dans les romans...

Depuis ce moment, je comprends et j'excuse tous les

crimes que l'amour fait commettre, car bien certainement j'aurais assassiné Flamme de punch, plutôt que de le voir appartenir à une autre femme!!...

Une flamme incessante me dévorait, pareille à ces poisons des Antilles qui tuent lentement, mais qui tuent à coup sûr. — Cette flamme portait dans tout mon organisme un funeste désordre ; — le sommeil et l'appétit avaient disparu ; — on ne voyait plus dans mon visage pâle et amaigri que mes deux grands yeux, brillant d'un fiévreux éclat.

Littéralement je mourais à petit feu...

Un tel état de choses ne pouvait durer. — Je souffrais trop, — mon supplice me semblait au-dessus de mes forces. — N'espérant rien de l'avenir, rien ne me rattachait à la vie...

Je songeai naturellement à en finir par le suicide, — je caressai ce projet avec une sorte de volupté sombre et douloureuse, et l'idée de la mort me procura un immense soulagement moral.

Une fois mon parti pris d'une façon qui me semblait irrévocable, je résolus de faire une suprême tentative.

Je me dis :

— Dans quinze jours, je ne souffrirai plus, car, dans quinze jours, William m'appartiendra... ou je serai morte...

Ces quinze jours étaient un dernier délai que je m'accordais à moi-même pour cette tentative dont je viens de parler.

En attendant qu'ils fussent écoulés, et afin qu'aucun

obstacle matériel ne vint entraver mon suicide quand le moment d'en finir serait venu, je pris une douzaine de gros sous et je les mis infuser dans un verre de vinaigre.

De cette façon, j'aurais la mort sous la main...

XIX

COUP DE TONNERRE

J'étais prête à recourir, on le voit, à un empoisonnement tout à fait primitif, et Dieu sait que j'allais me procurer là, très-naïvement, une effroyable mort.

Mais je n'avais pas le choix des moyens, et d'ailleurs, — je prie mes lecteurs de vouloir bien le remarquer, — les jeunes filles qui cherchent dans le suicide un remède radical aux désespoirs d'amour ne connaissent généralement que deux façons de mourir : — l'asphyxie par l'eau ou par le charbon, et le vert de gris.

Ceci tient, sans aucun doute, à ce qu'il est infiniment plus facile de se procurer six pieds d'eau fangeuse ou claire, dans un ruisseau ou dans une mare, — un boisseau de charbon et quelques gros sous, qu'une suffisante dose de laudanum, d'arsenic ou d'acétate de morphine.

Huit jours s'écoulèrent sans rien amener de nouveau.

C'était un peu plus de la moitié du délai fixé par moi-même.

Soir et matin je regardais, — non sans quelque complaisance, — ma petite préparation meurtrière. — Tout allait le mieux du monde de ce côté-là. — Le vinaigre commençait à prendre un joli ton verdâtre du plus charmant effet. — C'était à donner envie de boire cette dissolution d'émeraudes...

Déjà je m'informais du nom de la ville prochaine dans laquelle nous devions nous arrêter...

J'étais bien aise de savoir en quel lieu reposerait mon jeune corps.

Je souhaitais que le cimetière de cette ville fût situé sur le penchant d'une colline, avec quelques arbustes et beaucoup de fleurs.

J'aurais voulu que le soleil levant vînt échauffer de ses rayons la terre et la mousse sous lesquelles je devais dormir d'un sommeil éternel.

On voit qu'il était difficile d'avoir pris plus complétement et plus irrévocablement son parti...

Il s'en est fallu de bien peu que je ne fusse jamais — et pour la meilleure de toutes les raisons — la grande comédienne Tullia, à qui le public parisien a fait de si fréquentes ovations...

La chose, d'ailleurs, importait peu.

Si le public parisien n'avait point applaudi Tullia, il en aurait applaudi quelque autre, de qui, sans doute, j'ai pris la place, — et tout aurait été pour le mieux dans le meilleur des mondes !

A quoi tient la vie, cependant ! !

Sans un coup de tonnerre imprévu, la pauvre saltimbanque Florestane reposerait depuis longtemps dans une tombe inconnue de quelque bourgade ignorée...

Quand je parle de *coup de tonnerre*, je prie mes lecteurs de ne point prendre mes paroles au figuré...

Ils vont voir ce qui se passa.

Le soir du huitième au neuvième jour, le soleil s'était couché dans un véritable linceul de nuages, d'une couleur livide et plombée, frangés de tons de cuivre rouge.

Une chaleur écrasante pesait sur la terre.

De grands éclairs éblouissants sillonnaient de seconde en seconde les ténèbres, comme la lame nue d'une immense épée flamboyante.

La dernière représentation du soir finit de bonne heure.

Trois personnes seulement avaient eu le courage de braver l'effroyable température de l'intérieur de la baraque, transformée véritablement en étuve.

On comprend sans peine que ces malheureux spectateurs furent traités *de Turc à Maure*. — Le total des sommes versées par eux était de six sous. — On leur en donna pour leur argent, et je n'ai pas besoin d'affirmer qu'Ursule Piédefer ne daigna point exhiber pour eux sa fabuleuse tête de mort, promise cependant par l'affiche.

Les trois spectateurs ne réclamèrent point.

Depuis le moment où, poussés par leur mauvaise chance, ils étaient entrés, ils n'avaient évidemment et ne pouvaient avoir qu'une idée fixe, — celle de s'en aller.

Ils sortirent à moitié rôtis.

La baraque servant de salle de spectacle fut fermée, et chacun de nous redevint maître de son temps et de sa personne jusqu'au lendemain matin.

Accablée par cette chaleur incendiaire, je sentais s'évanouir le peu de force et d'énergie qui me restaient encore, — je ne conservai pour vêtement qu'un long peignoir d'étoffe légère, et je me jetai sur mon lit.

La plupart des femmes de la troupe en firent autant de leur côté, et je crois qu'elles s'endormirent car un profond silence ne tarda guère à régner dans le dortoir.

Vers minuit, l'orage éclata, — pareil à l'un de ces orages des tropiques, dont les voyageurs nous font de si effrayants récits.

Les grondements de la foudre se succédaient sans interruption, comme les détonations simultanées de vingt batteries d'artillerie.

16.

Je suis nerveuse, — l'électricité agit sur moi avec une effrayante violence, — l'approche de l'orage tend mes pauvres nerfs à la façon des cordes d'une guitare, et cependant — (explique cela qui pourra), — je n'ai pas peur du tonnerre.

Les autres femmes, réveillées en sursaut par les tapages de l'ouragan déchaîné, se mirent à faire des signes de croix, — à invoquer d'une voix gémissante le bon Dieu, la sainte Vierge et les saints, — auxquels, le reste du temps, elles faisaient semblant de ne pas croire. — Puis, comme la tempête continuait, elles cachèrent leurs têtes sous les couvertures de leurs lits et poussèrent des plaintes sourdes et inarticulées, entremêlées de cris aigus.

Plus fatiguée que je ne saurais le dire de ce tumulte confus et discordant, je me glissai au bas de ma couche, — je mis des sandales à mes pieds nus, et, serrant autour de mon corps le peignoir dans lequel je m'enveloppais, j'ouvris doucement la porte et je sortis de la cabane.

La pluie ne tombait pas encore, mais le vent soufflait en foudre, comme disent les marins.

La lueur aveuglante d'un éclair me laissa voir, à quelques pas à peine, le fourgon dans lequel se trouvait la cellule de Flamme de punch.

— Ah ! — murmurai-je involontairement, — si cette porte s'ouvrait pour moi !!...

Presque sans me rendre compte de ce que j'allais

faire, je franchis l'espace qui me séparait du fourgon, et ma main se leva pour frapper à la porte qui me semblait devoir être celle du paradis...

Une seconde s'écoula. — Ma main retomba sans avoir frappé.

Je venais de me dire : — *Il ne m'ouvrira pas!!*

Je restais là, indécise, irrésolue, combattue par mille sentiments contraires, — comprenant bien que l'heure était arrivée de tenter ce suprême effort auquel j'étais résolue, — et tremblant de me voir repousser une fois de plus, ce qui devait être mon arrêt de mort...

Qu'aurais-je décidé ?

Je ne sais pas...

Le hasard vint à mon aide.

Il me fallait un prétexte plausible qui me permît de m'introduire auprès du clown sans le mettre en défiance.

L'ouragan me fournit ce prétexte.

Du levant au couchant et du nord au midi, le firmament s'embrasa soudain, — une colonne de feu descendit avec des tournoiements fantastiques, — un bruit, comparable à celui d'une mine fortement chargée qui éclate, se fit entendre.

Il me sembla, pendant quelques secondes, que j'étais tout à la fois aveuglée et assourdie...

Le tonnerre venait de tomber, à vingt pas de là, sur l'un des grands arbres qui ombrageaient la place publique, et l'avait littéralement anéanti.

Je n'hésitai plus et je heurtai violemment à la porte de Flamme de punch.

Il était éveillé, car il demanda aussitôt :

— Qui est là, et que me veut-on ?

— Ouvrez ! — m'écriai-je sans répondre à cette double question, — ouvrez !!

— Encore une fois, qui êtes-vous ?

— Hâtez-vous !! — poursuivis-je d'une voix haletante, — il y va, pour vous, de la vie !!

— Que se passe-t-il donc ?...

— La foudre vient de tomber sur le fourgon... — Dans quelques instants vous serez enveloppé par l'incendie !...

— En vérité, — demanda seulement le clown, — le danger est-il si pressant ?

— Il est terrible ! — Ne perdez pas une minute !... ne perdez pas une seconde !!

Ce que je venais de dire était, en somme, parfaitement vraisemblable.

William ne pouvait avoir et n'eut pas en effet l'ombre d'un doute...

J'entendis tourner une clef dans la serrure, et la porte s'entrebâilla.

C'était le moment que j'attendais...

Je poussai violemment cette porte, — je franchis le seuil de la cellule, et enlaçant le clown de mes deux bras avant qu'il ait eu le temps de se reconnaître, je murmurai à son oreille :

— Je ne t'ai pas trompé, William, en te disant : — *Il y va de la vie ! !* — Je te le jure, il y va de la mienne ! !
— Aussi vrai que je me nomme Tullia et que pour moi il n'y a que toi au monde, je vais mourir si tu ne veux pas m'aimer... — Oui, mourir ! ! — le poison est prêt ! !

Et, tout en parlant ainsi, j'interrompais par des baisers chaque mot qui s'échappait de mes lèvres.

— Tullia, Tullia... — murmura Flamme de punch avec un accent de tristesse profonde, — tu n'as point voulu croire quand je t'ai dit : — *Je ne peux pas ! !* — Tu as été jusqu'au bout, chère et folle enfant, et maintenant me voici près de toi, ému, désespéré par l'amour impossible que tu ressens pour moi ! !

— Désespéré ? — m'écriai-je, — pourquoi désespéré ?

— Parce qu'il faut que tu connaisses aujourd'hui mon secret, et que j'aurais voulu te le cacher toujours...

— Ce secret, quel qu'il soit, je l'attends, — parle ! !

— Regarde-moi donc, — dit le clown, — regarde-moi... tu sauras tout...

Il se dégagea de mes bras et entrouvrit la chemise d'homme qu'il portait...

Je vis alors, — à la lueur d'un nouvel éclair, — les contours délicats d'un sein de jeune fille, sein virginal d'une exquise pureté de formes...

Flamme de punch était une femme ! !

Quelle stupeur et quelle déception!!

— Je t'avais offert, — t'en souviens-tu? — murmura mon étrange interlocuteur, — je t'avais offert de t'aimer comme un frère!! — si tu le veux, je serai ta sœur...

J'allais répondre, — j'allais accepter l'amitié pure et calme, remplaçant brusquement la passion et toutes ses ardeurs, — je n'en eus pas le temps.

Une forme sombre apparut dans l'encadrement de la porte étroite que j'avais mal refermée.

Une voix, que la fureur rendait rauque, s'écria :

— Ainsi j'avais une rivale!! — une rivale à qui l'on prodiguait l'amour, quand on ne me donnait, à moi, que le dédain!! — et cette rivale, c'était toi!! — Ah! l'on me repousse, l'on m'insulte, et l'on rit de moi entre deux baisers!! — Eh! bien, je serai vengée, du moins...
— Si l'on me condamne après, et si l'on me tue, tant pis...

Il me sembla qu'une lame de feu me traversait l'épaule, tant fut aiguë la douleur que je ressentis.

Cette sensation brûlante eut à peine, d'ailleurs, la durée d'un éclair; — je tombai sans connaissance aux pieds de celui que, jusqu'à cette heure, j'avais appelé William.

Ursule Piédefer, surexcitée par le délire d'une jalousie furieuse, — venait de me frapper d'un coup de couteau.

Elle voulait me tuer, et je trouve pour elle, dans mon

cœur, des trésors d'indulgence.— Ignorant comme moi le sexe véritable de Flamme de punch, elle se croyait dédaignée pour moi, humiliée à cause de moi, et, — je l'ai dit dans l'une des pages précédentes, — je comprends et j'excuse tous les crimes dont l'amour est la cause!!

XX

UN ESTAMINET DU QUARTIER LATIN

Quand je revins à moi, j'étais couchée dans un lit d'hôpital.

Une fièvre ardente, résultant de la blessure profonde faite par la main d'Ursule, et accompagnée d'un délire continuel, avait mis pendant plusieurs semaines ma vie en si grand danger que les médecins désespéraient de moi.

Enfin, dans ce combat sans merci de la maladie contre la force et la jeunesse, ces dernières étaient restées maîtresses du champ de bataille.

Au moment où la lucidité me revenait, en même temps que la mémoire, le péril n'existait plus.

J'appris qu'Ursule Piédefer, — arrêtée quelques instants après sa tentative d'assassinat, — attendait en prison qu'il me fût possible d'intervenir au procès criminel dont l'instruction n'avait pas été longue, le crime n'étant point nié par elle.

Flamme de punch avait disparu, dès le lendemain de la nuit terrible, et tous les efforts de la justice et de la police pour retrouver sa trace étaient restés sans résultat.

Il est vrai que pour déjouer les recherches il lui suffisait de quitter son costume d'homme et de reprendre les habits de son sexe. — Toutes les brigades de gendarmerie de France, mises à la poursuite d'un jeune homme, devaient passer, sans l'ombre d'un soupçon, auprès d'une jeune fille incontestable. — A une autre époque de ma vie, je devais revoir Flamme de punch.

Le procès d'Ursule Piédefer commença.

A peine guérie de ma blessure et de ses suites, je vins déposer en Cour d'assises sous le pseudonyme de Florestane.

Ma déposition eut un grand succès et me posa, dans la ville et dans le département, comme une véritable héroïne de générosité.

Mettant largement en pratique mes théories à l'endroit des crimes excusables, je plaidai moi-même, — non sans quelque éloquence, paraît-il, — la cause de ma meurtrière.

J'affirmai qu'Ursule Piédefer, — provoquée et même menacée par moi, — avait cédé, en me frappant, à un mouvement de colère juste et naturelle ; — j'allai jusqu'à dire qu'elle se trouvait presque dans le cas de légitime défense; — j'éloignai, enfin, non-seulement la préméditation, mais jusqu'à l'intention de l'homicide...

Cette grosse accusation d'assassinat se trouva donc réduite par le fait à de très-restreintes proportions.

Il ne s'agissait plus, désormais, que d'une blessure par imprudence; aussi j'obtins pour ma rivale, sinon un acquittement complet, du moins une peine extrêmement minime.

Rassurée sur le sort d'Ursule, guérie de mon amour absurde pour Flamme de punch, je me séparai de la troupe, à peu près désorganisée d'ailleurs par l'arrestation de la directrice.

Je n'étais pas absolument sans ressources.

Les économies réalisées par moi sur mes appointements de plusieurs années formaient une somme de près de trois cents francs.

J'avais assez de la vie nomade et bohémienne, — j'aspirais à une position plus stable. — Or, il me semblait que je ne pourrais rencontrer cette position qu'à Paris.

En conséquence, je montai en diligence et je pris le chemin de la grande ville, où j'arrivai vingt-quatre heures après mon départ, car l'épisode que je viens de raconter s'était passé à Bar-sur-Aube.

Je me logeai dans un petit hôtel garni du faubourg du Temple, et ma première occupation fut de faire toutes les démarches imaginables pour tâcher d'apprendre ce qu'était devenue ma mère pendant ma longue absence.

Après des recherches longues et hérissées de difficultés, j'acquis la certitude que, désormais, je n'avais plus rien à redouter de sa part.

Une fluxion de poitrine l'avait emportée un an à peu près avant l'époque de mon retour.

Elle exerçait encore, au moment de sa mort, la profession de marchande à la toilette, mais de la façon la plus misérable, et l'actif de sa succession s'était trouvé tout à fait insuffisant pour couvrir ses dettes.

Je me fis délivrer une copie de mon acte de naissance, — un double de l'acte de décès de ma mère, et, munie de ces papiers qui pouvaient d'un jour à l'autre me devenir indispensables, je ne songeai plus qu'à me mettre en quête d'un moyen d'existence.

Depuis quatre ans ma position n'avait pas changé.

Le théâtre seul pouvait m'offrir des ressources certaines, — et honorables.

J'allai donc frapper successivement à la porte de presque tous les directeurs de Paris.

Partout je fus éconduite.

Les plus bienveillants m'offrirent un emploi de figurante aux appointements de vingt-cinq francs par mois.

Mes lecteurs, — ceux du moins qui sont au fait des us et coutumes des théâtres parisiens, — s'étonneront peut-être que ma beauté ne m'ait pas servi de passe-port.

C'est qu'en ce moment-là, — il faut bien le dire, — je n'étais rien moins que belle.

Les souffrances causées par ma blessure, et la maladie qui en avait été la suite, m'avaient changée au point de me rendre méconnaissable.

On se ferait difficilement une idée exacte de ma pâleur de cire vierge et de ma maigreur presque diaphane. — Je ressemblais tout à fait à une convalescente fraîchement échappée de l'hôpital.

Tandis que ces allées et ces venues sans résultat occupaient mon temps, et que se succédaient les déceptions, mes ressources s'épuisaient rapidement et je voyais approcher l'heure où je n'aurais plus, ni un asile, ni un morceau de pain.

C'était triste beaucoup, et bien décourageant, n'est-ce pas? — J'eus cependant la force de ne me point laisser absolument abattre, et le courage de prendre une résolution qu'inspire le désespoir.

J'avais une jolie voix, fraîche et pure.

Je savais une foule de romances et de chansonnettes, — je jouais de la guitare, — non point avec talent, mais assez bien pour m'accompagner.

Il fallait utiliser tout cela.

J'achetai chez un brocanteur une guitare d'occasion

à laquelle manquaient toutes les cordes, — je sollicitai à la préfecture de police une autorisation de chanteuse en plein vent, puis, munie d'une sébile de bois et de quelques cahiers de chansons imprimées, je m'en allai chaque jour m'installer dans une des contre-allées des Champs-Élysées, et, quand la nuit chassait les promeneurs, je gagnais le boulevard du Temple ou le quartier Latin, et je chantais dans les cafés borgnes et dans les estaminets de dixième ordre.

C'était là, je vous assure, un horrible métier, — plus horrible cent fois que celui de saltimbanque !!

Au moins, quand je jouais mon rôle dans une parade, sur les tréteaux, devant la baraque, je n'avais à affronter que des plaisanteries vulgaires ou des quolibets à double sens ; — j'étais à l'abri d'une injure.

Avec la chanteuse des rues, au contraire, chacun se croyait tout permis...

Quelques gros sous tombaient dans ma sébile, il est vrai, — mais, en même temps que ces gros sous, que d'insultes !!

Je gagnais le pain de chaque jour, — mais, hélas ! de quel prix ne fallait-il pas le payer !! — et combien ce pain me semblait amer et dur !!

Les gens de la lie du peuple, — les bandits du plus bas étage, — les rôdeurs de barrières, — les souteneurs de filles, — tous les membres de cette population infâme qui croupit et pullule dans les fanges de Paris, me traitaient en égale et me souillaient de leur familiarité immonde, à laquelle il m'était impossible de me soustraire.

Bien souvent je me voyais jetée brutalement à la porte des estaminets dans lesquels je me présentais pour chanter. — On me traitait de mendiante, — on m'appelait voleuse, — et je m'en allais, la tête basse et le cœur bien gros, — et je songeais très-sérieusement à faire infuser de nouveau de gros sous dans du vinaigre, comme à l'époque de mes chagrins d'amour...

Et certes si cette existence, sur laquelle je passe sans m'arrêter, afin de ne point attrister mes lecteurs par des tableaux trop sombres, avait dû se prolonger encore, l'énergie morale m'aurait certainement fait défaut pour la subir jusqu'au bout.

Heureusement j'avais au ciel une étoile, qui, voilée longtemps sous des nuages orageux, devait se révéler d'abord par des lueurs douteuses et intermittentes, pour devenir enfin éclatante et radieuse.

Un soir que je me trouvais dans le quartier Saint-Jacques, je franchis timidement le seuil d'un estaminet de la rue de la Harpe où ma présence et mes chansons étaient à peu près tolérées.

La clientèle de cet estaminet se composait, en grande partie, d'étudiants en droit et en médecine.

Il me fallait chanter dans une atmosphère de fumée tellement épaisse que la clarté des lampes dessinait comme une sorte de zone à demi lumineuse au milieu d'un brouillard grisâtre.

Le bruit des chopes de bière, heurtées sur le marbre des tables — (aujourd'hui l'on dirait des *bocks*), — le cliquetis des dominos agités, — le choc des billes sur les tapis verts des billards, — les éclats des conversations ultra-tapageuses, formaient un vacarme infernal qui couvrait absolument ma voix et ne lui permettait point de se faire entendre.

Ceci m'était, d'ailleurs, absolument égal.

Je chantais consciencieusement, — sans me soucier d'être écoutée, — et, quand j'avais fini, je prenais ma sébile et je faisais le tour des tables.

Le produit de cette quête était, en général, satisfaisant. — Les étudiants sont presque tous prodigues, — peut-être parce qu'ils ne sont pas riches...

Parmi les habitués de cet estaminet j'avais remarqué un jeune homme, — non pas qu'il fût plus beau que les autres, ou qu'il eût rien de particulier qui dût me le faire distinguer, — mais parce que j'étais certaine de le voir tous les soirs à la même place, assis solitairement dans l'angle le plus reculé du café, — ayant sur le marbre de sa petite table un cahier de grand papier-écolier, — un paquet de tabac et une chope pleine de bière de Strasbourg.

Tout en fumant et tout en buvant, il écrivait, et je ne pouvais jamais arriver à me rendre compte de ce travail assidu, au milieu du tapage incessant dont je viens de parler.

Ce jeune homme pouvait avoir vingt-quatre ou vingt-cinq ans; — il était laid, mais d'une de ces laideurs intelligentes et spirituelles qui plaisent presque toujours beaucoup plus que l'insignifiante régularité de certaines figures.

Ses cheveux bruns et un peu crépus, prodigieusement épais à la nuque et aux tempes, s'éclaircissaient sur le sommet de la tête.

Sa figure tourmentée, — qu'encadrait une barbe courte et touffue, — était éclairée par de beaux yeux et par des dents magnifiques.

Chaque fois que je venais à l'estaminet et que je m'approchais de ce jeune homme en faisant ma quête, il interrompait son travail, — il posait sa plume sur le rebord de la table — et, prenant quelques gros sous dans la poche de son gilet, il choisissait le plus neuf et le plus propre d'entre eux, puis, sans prononcer un seul mot et avec un demi-sourire et un petit mouvement de tête qui ressemblait à un salut, il laissait délicament tomber cette humble offrande dans ma sébile.

Certes c'était là, de sa part, une largesse bien méritoire et bien gratuite...

Méritoire, parce que le désarroi à peu près complet de son costume disait clairement qu'il n'était rien moins que riche...

Gratuite, parce qu'à coup sûr il n'avait pas entendu une seule phrase de ce que je venais de chanter.

Je me sentais attirée vers ce jeune homme par une sympathie dont je ne me rendais pas bien compte.

Je ne savais rien de lui, — pas même son nom, — et cependant mon premier regard, — en entrant dans l'estaminet, — allait droit à la place où j'étais à peu près sûre de le voir, — et son absence m'aurait fait éprouver, sans aucun doute, une certaine tristesse.

Est-ce donc à dire que, pour la seconde fois, je devenais amoureuse ?...

Il faudrait bien se garder de le croire.

Ce sentiment vague et instinctif dont je parle ne ressemblait en rien à de l'amour...

C'était plutôt une disposition à la bonne et franche amitié, — et je suis persuadée que, de son côté, le jeune homme inconnu éprouvait à mon égard une disposition à peu près pareille.

Bref, un soir, — je le disais tout à l'heure, — j'entrai dans l'estaminet.

Le jeune homme écrivait à sa place habituelle, entre sa chope et sa pipe.

Il ne leva point la tête et ne sembla pas me remarquer. — Un peu piquée de cette apparente indifférence, je résolus de fixer son attention.

En conséquence, — au lieu de rester, ainsi que je le faisais habituellement, à l'entrée du café, presque en face du comptoir, — je m'avançai beaucoup plus, de façon à me trouver fort près de lui, et, après avoir accordé ma guitare, je chantai successivement deux ou trois de mes plus jolies romances.

J'étais en voix ce soir-là, et franchement je crois que je ne m'en tirai pas trop mal, surtout dans les parties qui demandaient un peu de pantomime et d'expression.

Tout en chantant, je jetai à plusieurs reprises les yeux sur mon inconnu.

Son front s'appuyait sur une de ses mains, — les doigts de son autre main décrivaient avec sa plume de capricieuses arabesques sur le papier blanc.

Il ne me regardait pas, mais il était évident qu'il m'écoutait avec une attention profonde.

Comme de coutume, — après avoir terminé, — je m'arrêtai devant sa table, ma sébile à la main.

Comme de coutume aussi il me sourit et prit dans sa poche plusieurs gros sous, parmi lesquels, selon son invariable habitude, il choisit le plus neuf. — Mais, au lieu de le laisser tomber dans ma sébile, il le tint suspendu en l'air, et me dit :

—Savez-vous, mademoiselle, que vous avez une bien jolie voix et un bien charmant talent?

Je fis une révérence modeste, — je me sentis devenir très-rouge, — et je ne trouvai rien à répondre à ce compliment inattendu.

C'était la première fois que j'entendais la voix de mon inconnu; — elle me parut douce, bien timbrée, et en quelque sorte musicale.

Il reprit :

—Comment vous appelez-vous, mademoiselle?

— Tullia, monsieur.

— Quel âge avez-vous ?

— Dix-huit ans et demi.

— Y a-t-il longtemps que vous chantez ainsi, mademoiselle Tullia ?

— Depuis mon enfance, monsieur...

— Il est singulier que votre organe soit resté si souple et si pur après les fatigues d'un pareil labeur, en de pareils milieux ! ! — Me permettez-vous, mademoiselle Tullia, de vous adresser une question ?

— Autant de question qu'il vous plaira, monsieur.

— Et vous y répondrez franchement ?

— Sans doute... — Pourquoi n'y répondrais-je pas

— Eh bien, dites-moi, mademoiselle, aimez-vous le métier que vous faites ?

— Mon métier de chanteuse des rues ?

— Oui.

— Non-seulement je ne l'aime pas, — murmurai-je, — mais encore je l'ai en exécration...

— Dans cas, vous le quitteriez sans regrets ?

— Sans regrets et avec bonheur ! ! — Je ne le conserve, croyez-le bien, que pour ne pas mourir de faim.

— Alors, si l'on vous offrait un autre moyen d'existence plus lucratif, et, en même temps, plus honorable ?...

— J'accepterais sans hésiter ! j'accepterais avec bonheur ! — Malheureusement je ne sais rien faire que chanter...

— Vous en savez peut-être plus que vous ne le croyez vous-même...

— Expliquez-vous, monsieur, je vous en prie...

— Je ne le puis ici.

— Pourquoi?

— Il me faudrait entrer dans de trop longs détails...

— Eh bien, m'est-il impossible de vous voir ailleurs?

— Non, sans doute... — Voulez-vous, mademoiselle Tullia, me donner votre adresse et m'indiquer le jour et l'heure où vous pourrez me recevoir chez vous?...

Je ne m'attendais pas à cette demande.

Je devins pourpre, — je tremblai, — je balbutiai, — et, bref, je ne répondis pas.

Mon trouble et mon embarras étaient d'ailleurs parfaitement naturels. — J'occupais, rue des Fossés-du-Temple, au sixième étage d'une maison fort mal hantée, une abominable chambre garnie, — ou plutôt dégarnie, — que je payais sept francs par mois.

On ne saurait, à ce prix-là, exiger un palais...

Cette chambre offrait dans les moindres détails l'aspect de la misère la plus profonde et la plus repoussante, et j'aurais mieux aimé, je crois, me jeter par la fenêtre que d'en laisser franchir le seuil par qui que ce soit.

Mon interlocuteur se méprit complétement sur la cause de mon visible embarras.

Un nuage assombrit sa figure, une contraction légère

rapprocha ses sourcils, et il me dit d'un ton assez sec :

— Vous vous défiez de moi, mademoiselle, et c'est parfaitement naturel puisque vous ne savez pas qui je suis... — Je retire ma demande, et restons-en là...

— Mais, monsieur, — m'écriai-je en sentant les larmes me venir aux yeux, — vous vous trompez, je vous l'affirme !! — Comment me défierais-je de vous, qui avez l'air de vous intéresser à moi avec tant de bonté ?

— Alors, pourquoi ne pas me donner votre adresse ?

Je répondis avec confusion et sans oser le regarder :

— Mon Dieu, monsieur, la vérité est que je suis bien mal et bien pauvrement logée, et que je mourrais de honte en vous voyant entrer dans ma misérable demeure...

— Et puis, peut-être, n'êtes-vous pas seule ? — reprit le jeune homme avec un sourire.

— Je suis seule, monsieur, — répliquai-je vivement, — complétement seule...

— Bien vrai ?

— Bien vrai, oui, monsieur...

— Vous n'avez donc ni famille, ni amoureux ?

— Ni l'un ni l'autre...

— Pas de famille, cela se comprend... — mais pas d'amoureux, à dix-huit ans passés, et jolie comme vous voilà, c'est un prodige !! — Enfin, je veux bien le croire... — oui, je le croirai... pour vous faire plaisir...

18

— Et vous ferez bien de le croire, monsieur, mais non pour me faire plaisir, car, je vous le répète, c'est la vérité...

— Alors, vous êtes libre?

— Absolument.

— Rien ne vous empêche donc, puisque vous ne voulez pas me recevoir chez vous, de venir chez moi?

— Rien.

— Et, vous y viendrez?

— Bien volontiers...

— Quand?

— Quand vous voudrez... — je puis disposer de tout mon temps...

— Dans ce cas, je vous attendrai demain, de midi à quatre heures... — Cela vous convient-il?

— Avant midi et demi je serai chez vous.

— Voici mon adresse : — *Rue Corneille, hôtel Corneille*... — C'est tout près d'ici... — Vous en souviendrez-vous?

— Parfaitement ; — je connais la rue et l'hôtel...

— Vous demanderez Eugène Lorsay...

— Eugène Lorsay... — je n'oublierai pas ce nom...

— Si, par hasard, vous ne trouviez personne en bas, vous monteriez au troisième étage... — la porte de ma chambre est à gauche, sur le carré.

— Dans ce cas, j'aime mieux monter tout droit et sans rien demander en bas...

— Comme vous voudrez... — Et maintenant, mon

enfant, au revoir, et bon espoir !... — Je vous promets de faire de vous quelque chose de mieux qu'une chanteuse des rues...

— Que sera-ce donc?
— Vous le saurez demain.

XXI

EUGÈNE LORSAY

Je quittai l'estaminet de la rue de la Harpe, puis, sans continuer ma tournée dans les autres cafés du quartier, je regagnai mon horrible bouge de la rue des Fossés-du-Temple.

Je me sentais le cœur tout joyeux, et, ainsi que venait de me le recommander Eugène Lorsay, — ce protecteur dont je ne savais que le nom, — j'avais bon espoir...

Cette disposition à la joie et à l'espérance fut d'ailleurs de courte durée.

A peine étais-je étendue sur les minces matelas qui formaient ma couche, qu'un sentiment de vive et profonde défiance me fut suggéré par la réflexion.

Je me demandai ce que pouvait faire pour moi ce jeune homme, sans doute aussi pauvre que moi, ou du moins pas beaucoup plus riche ?

Comment cet étudiant, réduit peut-être à venir par économie travailler à la clarté des quinquets d'un café borgne, aurait-il les moyens de m'arracher à ma position déplorable de chanteuse en plein vent ?...

Cela me paraissait impossible.

Une seule supposition était vraisemblable, celle-ci :

Eugène Lorsay m'ayant trouvée belle avait pensé qu'une misérable bohémienne telle que moi était facilement accessible à toute séduction. — Il avait résolu de m'attirer chez lui pour faire de moi sa maîtresse, et peut-être, une fois son caprice satisfait, se promettait-il de me renvoyer avec le plus parfait dédain...

Peut-être aussi pousserait-il la générosité jusqu'à m'offrir de partager sa misère et son taudis.

Aucune de ces deux alternatives ne me semblait acceptable, je l'avoue.

Pendant un instant je décidai que je n'irais pas le lendemain à l'hôtel Corneille, et que je ne retournerais plus chanter à l'estaminet de la rue de la Harpe.

Mais, — presque aussitôt, — un nouveau revirement se fit dans mes idées. — Je me reprochai mon manque d'audace, et je résolus de tenter la fortune et de me confier au hasard, — quoi qu'il en pût résulter.

Une fois que j'eus pris le parti de chasser délibérément mes irrésolutions, mon esprit agité redevint calme, et je pus m'endormir d'un profond sommeil dont j'avais singulièrement besoin.

Le lendemain, je donnai à mon humble toilette des soins inaccoutumés, — c'est-à-dire que tout en m'habillant d'une façon bien simple — (il m'aurait été parfaitement impossible de le faire autrement), — j'ajustai mes humbles vêtements avec coquetterie, et je me fis avec mes immenses cheveux le plus splendide diadème qui puisse couronner une tête de femme.

Ceci terminé, je me regardai dans le fragment de miroir verdâtre, haut de trois pouces et large de quatre, qui me servait de glace, et je dois avouer tout franchement que je me trouvai charmante.

Selon ma frugale habitude je déjeunai avec un morceau de pain et une tasse de lait, et, vers onze heures et demie, je me mis en route pour le quartier Latin.

J'arrivai rue Corneille, — j'ai déjà dit que je savais où se trouvait l'hôtel Corneille, — je passai sans m'arrêter devant la loge du concierge, qui, fort habitué sans doute à voir de jeunes visiteuses monter chez ses locataires, ne songea même pas à me demander où j'allais.

J'atteignis le troisième étage et je frappai à la porte de gauche, qui s'ouvrit aussitôt.

Eugène Lorsay, — en vareuse rouge et en pantalon

à pieds, — me tendit la main avec une apparence de si bonne amitié que, dès le premier moment, toutes mes préventions se trouvèrent dissipées comme par enchantement.

— Eh bien ! monsieur, — lui dis-je, — me voilà...
— Vous voyez que je suis exacte...

— J'y comptais bien, ma chère enfant, — me répondit-il ; — je suis tout fier et tout heureux de votre confiance, et j'espère que vous ne vous en repentirez pas... — Vous êtes venue à pied ?

— L'état de mes finances, — répliquai-je en riant, — ne me permet pas le luxe de l'omnibus...

— Alors, vous devez être fatiguée ?
— Dam ! un peu...
— Alors, asseyez-vous bien vite, et, avant de causer, reposez-vous...

Tout en parlant, le jeune homme m'avançait l'unique fauteuil qui se trouvait dans sa chambre.

Je m'assis, et je regardai autour de moi.

Ce logis de garçon, — quoique meublé d'une façon un peu primitive, — n'était point attristant pour les yeux. — Tout y était propre et bien rangé. — Quelques jolies aquarelles et quelques bons dessins, dans des cadres de bois noir accrochés le long des murailles, lui donnaient une apparence presque artistique.

On voyait sur la cheminée des livres, des brochures, de statuettes, et, chose qui me parut bizarre, deux gros bouquets de fleurs communes enveloppées dans des demi-cornets de papier, et dont les tiges trempaient dans des vases de grès de peu de valeur, mais d'une forme élégante et fine.

Une douzaine de pipes,—culottées admirablement,—étalaient leurs formes variées, mises en valeur par de petits rateliers d'acajou.

Bref, l'aspect de cette chambre dénotait l'aisance, et j'en conclus que le laisser-aller du costume que portait au café Eugène Lorsay se devait attribuer à la fantaisie plus qu'à la nécessité.

Tel fut le résultat des rapides investigations de mon regard curieux et observateur comme celui de Diane de Lys.

J'avais tout vu en moins d'une minute.

Tandis que j'étudiais ainsi les localités, le maître du logis, debout auprès d'une table ronde qui occupait le centre de la pièce, préparait un verre d'eau sucrée qu'il me présenta et que je ne fis nulle difficulté d'accepter.

— Maintenant, ma chère Tullia, — me demanda-t-il après un nouvel instant de silence, — voulez-vous que nous parlions un peu de choses sérieuses?...

— Me voici prête à vous écouter sérieusement, monsieur Eugène, et à vous répondre de même...

— A merveille!... — D'abord, et avant tout, il faut que je vous dise quelle est ma profession...

— Je suis, je vous l'avoue, très-désireuse de la connaître...

— Soyez donc satisfaite... — Vous voyez en moi, ma chère Tullia, un auteur dramatique...

— Ah! — m'écriai-je avec une admiration qui dut se trahir dans mon attitude et dans le son de ma voix, — vous faites du théâtre!!

— Oui, — si toutefois on peu appeler *faire du théâtre*, travailler pour les scènes les plus infimes, telles que le théâtre du Panthéon et celui du Luxembourg, vulgairement nommé *Bobino*... — Mais je suis jeune, — j'ai bon courage, — je crois à mon avenir, et (pourquoi ne le dirais-je pas), je crois à mon talent!!— Bref, je m'estime heureux d'étudier, *in anima vili*, mon magnifique et difficile métier en me faisant jouer partout où l'on veut bien accepter mes pièces... — Enfin, soit que je le mérite, soit que le hasard seul me traite en enfant gâté, j'ai des succès... — Jusqu'à ce jour j'ignore de quelle façon le bruit cruel des coups de sifflet déchire les oreilles d'un malheureux auteur, et les deux bouquets que vous voyez là m'ont été apportés avant-hier par les machinistes de Bobino, en l'honneur de la réussite de ma dernière pièce, un vaudeville en trois actes que le directeur du Gymnase et celui des Variétés ont refusé comme des sots, — et qui leur aurait cependant procuré de belles recettes, et à moi de beaux droits d'auteur...

— Mais alors, — dis-je vivement, — puisque vous êtes écrivain, puisque vos pièces réussissent, vous devez avoir de l'influence sur les directeurs...

— Une influence relative, sans doute, dans un certain milieu... — Ceux du Panthéon et du Luxembourg ne jurent que par moi... — ils disent que j'ai de l'avenir, et que je serai, un jour, un auteur célèbre...

— Eh bien ! vous me ferez engager...

Eugène Lorsay me regarda avec surprise.

— Tiens ! tiens ! tiens ! ! — dit-il ensuite, voilà qui est original ! !

— Quoi donc ?

— Vous me demandez justement ce que j'allais vous proposer... — Ah ça ! mais, vous avez donc envie d'entrer au théâtre, ma chère Tullia ?

— Si j'en ai envie ? — ah ! je le crois bien ! !

— C'est un désir tout instinctif, sans doute... — Je suppose que vous n'êtes jamais montée sur les planches ?

— C'est ce qui vous trompe, monsieur Lorsay, — à six ans je débutais, — je suis une enfant de la balle...

— Bah ! — s'écria le vaudevilliste, — vous êtes comédienne et je ne m'en doutais pas ! !

— C'est-à-dire, je l'ai été...

— Et vous aviez du talent ?

— J'avais du moins des dispositions qu'on trouvait superbes...

— Pourquoi n'avez-vous pas continué ?

— C'est toute une histoire...

— Ne puis-je la connaître ?...

— Oh ! si, parfaitement.

Je mis le jeune homme au courant des divers épisodes de ma vie déjà si accidentée.

— Tullia, — dit-il, quand j'eus fini, — les rôles entre nous sont changés, ma chère...

— Comment cela ? — demandai-je.

— Hier au soir je croyais que c'était moi qui ferais votre position, — aujourd'hui je vois clairement que c'est vous qui ferez la mienne...

— Que voulez-vous dire ?

— Je veux dire que dans votre histoire il y a une pièce... — que, cette pièce, je vais la commencer dès aujourd'hui, — que vous en jouerez, bien entendu, le principal rôle, et que vous le jouerez d'une manière merveilleuse, puisque le personnage que vous représenterez, c'est vous même... — Le rôle et l'actrice auront un succès fou, j'en réponds... — Les directeurs des grands théâtres en entendront parler et viendront vous voir, — on vous proposera un engagement, ceci ne fait pas l'ombre d'un doute, et, comme vous êtes une bonne et brave fille, vous demanderez, par une clause de cet engagement, à débuter dans une pièce de moi... — Vous voyez que nous arriverons tous les deux, l'un portant l'autre... — Voyons, est-ce convenu ?

— Ah ! je ne demande pas mieux ! — m'écriai-je, — mais ma confiance est loin d'être aussi absolue que la vôtre... — Les choses ainsi arrangées me paraissent trop belles pour être probables...

— Vous verrez... vous verrez ! — Ne doutez pas ! —

Moi je crois aux pressentiments, et les miens m'annoncent que tout ce que je viens de vous prédire se réalisera...

— J'en accepte l'augure...

— N'est-ce pas une véritable inspiration que l'idée qui m'est venue hier au soir de vous adresser la parole?...

— J'en conviens...

— Maintenant, je vais m'occuper de la pièce, mais il faut, avant tout, vous présenter au directeur qui montera cette pièce...

— Je suis prête...

— J'ai le choix entre deux théâtres, celui du Luxembourg et celui du Panthéon... — Sans hésiter je choisis le Luxembourg... — il fait moins souvent faillite... — Tenez, voici une de mes pièces, imprimée par faveur spéciale et exceptionnelle...

Eugène Lorsay me présentait une brochure portant ce titre : *Georgina ou la Sœur des étudiants.*

— Apprenez le rôle de *Georgina*, — reprit-il, — je dirai à Tournemine de vous le faire jouer un jour de la semaine prochaine, pour vous entendre...

— Je le saurai demain...

— Bah! — vous avez donc une mémoire prodigieuse!!

— Oui, — j'apprendrais facilement, en quarante-huit heures, un rôle de quatre cents lignes :

— Voilà qui est merveilleux et sera bien commode!!

—Quand voulez-vous que je vous présente au théâtre?..

— Quand vous voudrez...

— Eh bien, demain...

— Pourquoi pas aujourd'hui ?

— Ah ! — répondit le jeune homme en souriant, — pour deux raisons...

— Et, ces raisons ?

— La première, c'est que le directeur n'est pas prévenu, ne nous attend point, et que, par conséquent, nous risquerions de le manquer...

— C'est juste...

— La seconde, et la plus importante, c'est qu'il vous manque quelque chose...

— Quoi donc ?

— Un objet de première nécessité...

— Lequel ?

— Un chapeau.

Je devins rouge jusqu'au blanc des yeux.

J'étais venue chez Eugène Lorsay en petit bonnet, comme une véritable grisette, — et cela par la meilleure de toutes les raisons : — je n'avais pas de chapeau...

Le vaudevilliste reprit :

— Ce menu détail de toilette ne saurait, en quoi que ce soit, vous embellir, et cependant il est indispensable... — Une future grande comédienne se présentant en bonnet pour un engagement, ce serait le monde renversé...

— Alors, — balbutiai-je, — n'y pensons plus... — demain comme aujourd'hui il me sera impossible d'aller au théâtre...

— Pourquoi donc ?

— Parce que le plus modeste de tous les chapeaux, acheté d'occasion, au Temple, me coûtera dix francs au moins, et que, ces dix francs, je ne puis me les procurer d'aucune façon...

— Ah! ça, ma chère Tullia, — me demanda Lorsay en haussant les épaules, — est-ce que vous devenez folle?...

— Mais, je ne crois pas...

— Eh bien! si vous ne le croyez pas, je le crois, moi!! — A-t-on jamais vu, entre artistes, faire des manières dans ce chic-là!! — Est-ce que vous croyez que je vais vous laisser compromettre votre avenir et le mien pour dix francs ?

J'ouvris la bouche pour répondre je ne sais quoi.

Le vaudevilliste ne me laissa pas le temps de parler.

— Ma chère, — s'écria-t-il, — ne dites rien, car je vous vois au moment de dire des sottises... — Vous n'avez pas d'argent... — je n'en ai pas beaucoup... — nous allons partager... — Surtout, pas de refus, ou bien je vous donne ma parole d'honneur que nous nous brouillerons...

J'essayai de manifester une nouvelle résistance.

Eugène Lorsay se mit en colère pour tout de bon.

— Ce que je vous offre, — dit-il, — je l'offrirais à un camarade, à un ami, qui ne le refuserait point... — Est-ce donc à dire que vous ne voulez être ni mon camarade, ni mon ami?... — Si telle est votre pensée, soyez franche, et ne me le cachez pas....

Il était impossible de ne point céder à une insistance si franchement cordiale.

Je répondis, ou plutôt je balbutiai.

— Eh bien! ce sera comme vous voudrez...

— A la bonne heure!! — reprit Lorsay, — vous voilà bonne fille!... — Tout à l'heure vous me faisiez l'effet d'une petite pécore parfaitement désagréable et revêche... — Vous voyez, ma chère enfant, que je ne suis pas complimenteur...

Tout en parlant il ouvrit un tiroir, et il en tira une poignée de pièces de cinq francs qu'il compta avec soin.

— Je nage dans le Pactole!! — s'écria-t-il gaiement ensuite. — Cent vingt francs!! — c'est une fortune!! — En voilà soixante pour vous, soixante pour moi... — nous sommes riches!!

Je répliquai timidement :

— Mais, monsieur Eugène, ce n'est pas de soixante francs que j'ai besoin, vous le savez bien...

— Vous en faut-il cent? — Les voici...

— Vous me comprenez mal...

— Bon! — appelez-moi *idiot* tout de suite!!... — Allez, chère enfant, ne vous gênez pas...

— Je voulais dire qu'il ne me faut que dix francs...

— Pour le chapeau, c'est convenu... et encore sera-t-il infiniment plus joli en doublant le prix d'acquisition... — Quant au reste de la somme il vous servira, non point à vivre, mais à vivoter jusqu'au jour où vous toucherez le premier mois de vos appointements... — Et n'allez pas vous gêner, au moins, si cela ne suffisait pas... — L'agent des auteurs dramatiques m'avancera bien une centaine de francs sur mon dernier succès de Bobino, et d'ailleurs, en cas de refus de sa part — (refus tout à fait invraisemblable), — le mont-de-piété n'a été inventé ni pour les albinos, ni pour les secrétaires d'ambassade de l'empereur du Maroc...

Lorsay continua ainsi pendant cinq minutes, avec une verve de bouffonnerie intarissable.

Il ne s'arrêta que lorsque j'eus pris et fait disparaître dans ma poche les douze pièces de cinq francs qu'il mettait si gracieusement à ma disposition.

Puis, comme il avait beaucoup à travailler, voulant commencer séance tenante le scenario de la pièce nouvelle dont mon récit lui avait donné l'idée, — nous nous quittâmes en échangeant une poignée de main de chaude camaraderie, après avoir pris rendez-vous pour le lendemain à midi.

En quittant la rue Corneille, je me dirigeai du côté du faubourg Montmartre, et je me mis en quête d'un chapeau pour le lendemain.

Je vois d'ici mes jolies lectrices qui se disent :

— *Trouver un chapeau, c'est facile, et cela n'exige pas de longues recherches...*

Mes lectrices ont raison, en thèse générale, c'est évident, — mais si elle raisonnent au point de vue de ma situation particulière, elles ont tort.

Rien au monde n'était plus difficile que de rencontrer un chapeau qui fût charmant, et dont cependant l'élégance ne jurât pas avec l'excessive simplicité de ma toilette.

Pour y réussir, il fallait presque du génie.

Ce génie, sans doute, ne manqua point, car je finis par découvrir précisément le chapeau qui me convenait; — un chef d'œuvre de grâce et de simplicité, — et ce chef-d'œuvre ne me coûta que trente francs !...

Juste la moitié de ma fortune...

C'était pour rien ; — il est vrai qu'à cette époque le moindre chiffon de tulle ou de gaze ne coûtait point ce qu'il coûte aujourd'hui...

Je rentrai chez moi, — j'essayai de nouveau mon acquisition avec de véritables transports de joie et de coquetterie, et je m'avouai naïvement que je me trouvais ravissante...

J'étudiai pendant une heure ou deux le rôle de *Georgina*, puis je dînai légèrement, — oh! bien légèrement, — avec les misérables provisions achetées le matin, et comme depuis longtemps mon plus ardent désir était de voir de jolies pièces, jouées par de bons acteurs, j'allai passer ma soirée au Gymnase, dans une stalle de seconde galerie, ce qui me coûta cinquante sous.

A coup sûr ma façon d'agir, ce jour-là, péchait contre toutes les règles de l'économie, — mais, que voulez-vous? — j'étais si heureuse et je voyais l'avenir paré de couleurs si riantes, que je ne pouvais vraiment pas me préoccuper du présent.

En rentrant du spectacle je me couchai, la tête en feu.

Il me sembla que je m'endormais au bruit des bravos, et pendant toute la nuit je rêvai de triples *rappels*, d'engagements à soixante mille francs, d'ovations, de bouquets et de couronnes.

Tout cela parce qu'un pauvre diable de vaudevilliste inconnu écrivait une pièce qui devait servir à mes débuts encore incertains sur le théâtre *Bobino!*...

Oh! imagination, que tu es une riche, et puissante, et merveilleuse enchanteresse, et comme tu métamorphoses en or pur tout ce que tu touches!!

Le sommeil n'était guère venu me visiter avant deux heures du matin. — Je dormis longtemps.

Quand je m'éveillai un rayon de soleil, qui me sembla d'heureux présage, resplendissait gaiement sur la muraille nue de mon misérable taudis.

Je calculai qu'il pouvait être dix heures du matin, car je n'avais, — comme bien on pense, — ni montre ni pendule.

Je me levai, — je m'habillai en toute hâte et, aussitôt après avoir *fait semblant* de déjeuner, car l'impatience et l'émotion m'ôtaient l'appétit, je partis comme la veille pour la rue Corneille, où j'arrivai avant l'heure convenue.

Eugène Lorsay était tout prêt.

— Ah! chère Tullia, — s'écria-t-il en me regardant d'un air ravi, — comme vous voilà charmante!!

— Que dites-vous de mon chapeau? — lui demandai-je.

— Frais et joli comme vous, — répliqua-t-il, — mais si celui-là ne coûte que dix francs, je sollicite l'adresse de la modiste, et je ne porte plus que des chapeaux de femme...

Je me mis à rire.

— Après ça, — reprit le jeune homme, — il est fort possible que cet objet doive la meilleure partie de son élégance et de sa grâce à la façon dont il est porté!...

— Je l'affirmerais même volontiers... — Savez-vous qu'en traversant le Luxembourg je vais faire bien des envieux...

— Des envieux? — Pourquoi?...

— Parce que je vous aurai à mon bras...

— Eh bien?...

— Et parce qu'en me voyant passer avec vous, on me supposera plus heureux que je ne le suis... — on me croira avec une maîtresse, et, par le fait, je ne serai qu'avec un camarade... — Ce n'est pas du tout la même chose, mais mieux vaut peut-être qu'il en soit ainsi... — nous resterons amis plus longtemps... — A propos, et ma *Georgina*, qu'en avez-vous fait?

— Je sais le rôle aux deux tiers... Je jouerai la pièce demain, si l'on veut, après une seule répétition...

— Vous êtes un trésor, ma chère Tullia!! — Si j'étais directeur je vous engagerais, séance tenante, pour vingt-cinq ans, à des appointements fabuleux!!

— Malheureusement vous n'êtes pas directeur...

Tout en bavardant ainsi, nous avions quitté l'hôtel, — remonté la rue Corneille, — traversé les galeries de l'Odéon, — et nous cheminions, Lorsay et moi, à travers le jardin du Luxembourg, pour aller gagner la grille qui s'ouvrait, rue de Fleurus, à deux pas du théâtre.

Ainsi que l'avait prévu le vaudevilliste, les étudiants

qui se trouvaient sur notre chemin me regardaient beaucoup, et certainement aucun d'eux ne mettait en doute que je fusse la maîtresse du jeune homme auquel je donnais le bras.

L'entrée des acteurs du théâtre du Luxembourg, — vulgairement nommé *Bobino* et même *Bobinche*, au quartier latin, — était située rue Madame, et ne ressemblait pas trop mal au guichet d'une prison.

Je dis, *était*, car il a disparu, ce joyeux petit théâtre qui, dans ses dernières années d'existence, sous l'habile direction de Gaspari, avait conquis véritablement une place honorable dans la hiérarchie des scènes de deuxième ordre, et jouait des *revues* que tout Paris venait voir et dont quelques-unes sont restées presque célèbres.

Mais, à l'époque où se passaient les faits que je raconte, il n'en était point ainsi.

Nous fûmes introduits sans retard dans le cabinet du directeur, qui nous attendait.

Ce directeur, — un bon et honnête garçon, mort depuis, — s'appelait Tournemine. — Il était auteur en même temps qu'impresario, et il avait commis un certain nombre de vaudevilles, joués sur différents petits théâtres du même ordre que le sien.

On imaginerait difficilement quelque chose de plus étrange, et en quelque sorte de plus fantastique, que son apparence.

Que mes lecteurs se figurent un homme haut de près de six pieds, et d'une maigreur si diaphane que Don Quichotte, auprès de lui, aurait dû paraître obèse.

Ce nouveau chevalier de la Triste Figure avait, sur son corps demesuré, une petite tête grosse comme le poing, avec le visage d'un casse-noisette de Nuremberg, — visage à peu près invisible, qui disparaissait entièrement sous une paire de colossales moustaches, plus longues et plus touffues que les moustaches légendaires de Frédéric Soulié, cet immense et terrible génie disparu si longtemps avant d'avoir dit son dernier mot.

Tournemine,—toujours uniformément vêtu de noir, comme un croque-mort, — supporté par deux pieds d'une invraisemblable dimension, — avait la vue basse et ne quittait jamais un lorgnon que ses doigts osseux approchaient sans cesse de son arcade sourcilière et braquaient sur tous les objets qui fixaient son attention.

Tel que je viens de le décrire, le directeur auquel Eugène Lorsay allait me présenter me fit l'effet d'une statuette grotesque, échappée du musée des *charges* de Dantan, et regardée au microscope.

Il donna une poignée de main à mon compagnon...

Ce dernier lui dit :

— Mon directeur, voici mademoiselle Tullia, dont je vous ai parlé hier. — Prenez votre lorgnon et regardez... — vous me direz ensuite ce que vous pensez d'elle, — si toutefois l'admiration vous laisse la liberté d'esprit nécessaire pour formuler distinctement vos impressions...

Tournemine, — suivant à la lettre la recommandation de Lorsay, — m'examina près d'une minute, comme il eût fait d'un objet d'art, dans le cabinet d'un amateur.

XXII

UN ENGAGEMENT A BOBINO

Tandis qu'il me regardait ainsi, sa figure impassible n'exprimait absolument rien, et sa main gauche tortillait machinalement les longues mèches noires de sa moustache légendaire.

— Eh bien? — lui demanda le vaudevilliste.

— Eh bien! mon cher, vous aviez raison... — répondit le directeur, — mademoiselle est véritablement charmante. — Pour peu qu'elle ait un soupçon de talent avec ce visage-là, je vous garantis qu'elle ira loin...

— Un soupçon de talent !! — s'écria Lorsay scandalisé. — Mais elle en a jusqu'au bout des ongles, du talent!!

— Dans ce cas je prévois, avec infiniment de regret, que mademoiselle ne sera pas longtemps ma pensionnaire...

— Alors vous engagez?...

— J'engage.

— Aux appointements de?...

— Ah! voilà la grosse question...

— Bien facile à résoudre...

— Vous savez que nous ne sommes pas riches...

— Aussi ne vous demande-t-on pas vingt-cinq mille francs par an et deux mois de congé...

— Vous savez aussi que, chaque jour, il nous vient de jolies filles qui s'offrent pour rien...

— Oui, mais qui ne sont pas plus comédiennes que le premier garde municipal venu, et dont l'intention, en montant sur les planches, est d'y faire un tout autre métier que celui du théâtre...

— C'est exact...

— Ceci, par parenthèse, n'est point l'affaire de Tullia, — et la preuve c'est que si elle le voulait, avec le visage que vous voyez, elle serait riche à commanditer un théâtre, et que la chère enfant est aussi pauvre qu'un vaudevilliste inédit...

— Je ne prétends point le contraire...

— Enfin, qu'offrez-vous, voyons?...

— Dame! j'offre... j'offre...

Le directeur s'interrompit.

— Posez un chiffre, — reprit Lorsay, — nous discuterons après, s'il y a lieu à discussion...

— C'est fort embarrassant, ce que vous me demandez-là...

— Pourquoi donc?

— Il est clair comme le jour que je m'en rapporte parfaitement à ce que vous me dites... mais enfin, je n'ai pas vu jouer mademoiselle...

— Voulez-vous la voir demain?

— Certainement.

— Eh bien! c'est facile...

— Comment?

— Indiquez, ce soir, au *tableau*, un *raccord* de GEORGINA, et affichez la pièce pour demain... — Justement c'est dimanche et ça corsera le spectacle...

— Mademoiselle sait donc le rôle?

— Elle le sait, — et elle vous le jouera comme on on le jouerait au Gymnase...

— Eh bien, soit.

— Après cette audition vous me ferez des offres...

— C'est convenu.

— Et vous serez raisonnable ?...

— Je le suis toujours.

— C'est vous qui le dites, mais je n'en crois pas un mot... — A propos, il faut que je vous apprenne une nouvelle qui vous concerne...

— Laquelle?

— Je vous fais en ce moment la pièce qui servira aux véritables débuts de Tullia...

— Quelle espèce de pièce?

— Une machine à effet et à grand spectacle, — un drame-vaudeville en cinq actes, mêlé de chant.

— A grand spectacle!! — Diable! cela va coûter les yeux de la tête à monter!!

— Allons donc!... vous êtes un malin...—vous ferez servir de vieilles toiles, avec un coup de badigeon par-dessus.

— C'est une chose qui pourra se faire... — Comment l'appelez-vous, votre drame-vaudeville?

— Ah! il a un fier titre, mon cher directeur! — un titre à sensation, — un titre à recettes, ou je ne m'y connais pas...

— Enfin, ce titre?...

— *La Femme à la tête de mort!*

— Tiens! tiens! c'est assez affriolant... — Je ne fais aucune difficulté de le reconnaître...

— Peste, je le crois!... — Quel tire-l'œil sur une affiche! — Un vrai pétard! — On passera les ponts pour voir ça, c'est moi qui vous le dis!!

— Et la chose n'est pas trop sombre?

— Une gaîté folle!! — Pièce de saltimbanques, mon cher! — Du comique, même dans les scènes dramatiques... — Ah! je vous en préviens, si vous n'engagez pas Tullia dans de bonnes conditions, je porte la *Femme à la tête de mort* à l'Ambigu, et vous vous en mordrez les pouces...

— Puisque je vous ai dit que nous verrions demain soir... — Quel homme vous êtes! — Ayez un peu de patience, que diable!! — Et où en êtes-vous de votre pièce?

— Je vous la lirai dans huit jours...

— Très-bien... — Je vais indiquer le *raccord* pour demain à midi... — Mademoiselle est prévenue, il est donc inutile de lui adresser un bulletin...

— Oh! tout à fait...

L'audience directoriale était finie. — On n'avait, de part et d'autre, plus rien à se dire... — Nous quittâmes le théâtre.

— Eh bien! — me demanda Lorsay aussitôt que nous fûmes dans la rue, — que pensez-vous de notre directeur?

— Je pense qu'il est bien laid...

— Je vous l'accorde sans conteste... — très-laid, mais bon enfant. — On finit toujours par s'entendre avec lui. — D'ailleurs, c'est un honnête homme qui n'a que sa parole, chose assez rare dans le monde des théâtres... C'est à vous demain, après la pièce, de lui tenir la dragée un peu haute...

— Que faudra-t-il lui demander?

— Oh! soyons modestes. — Et puis je vous garantis que vous ne resterez pas longtemps ici comme comédienne, ni moi, — grâce à vous, — comme auteur.

— Mais encore, jusqu'à ce que j'en sorte, il faut vivre...

— Oui, certes, il faut vivre... — quand ce ne serait que pour aller ailleurs... — Eh bien, faites un calcul, et dites-moi, ma chère enfant, combien il vous faut par mois, pour vivre à peu près...

— Dame! en mettant les choses au plus bas, il me semble que soixante francs...

— Soixante francs! — interrompit Lorsay, — allons, vous êtes trop modeste!... nous obtiendrons mieux que cela.

— Vous croyez?

— J'en réponds.

— Si nous arrivons à quatre-vingts je me trouverai riche.

Nous étions à la porte du vaudevilliste.

— Montez-vous? — me demanda-t-il.

— Je le ferais bien volontiers, mais je crains de vous déranger...

— Comment, et en quoi?

— N'avez vous pas à travailler ?

— Certainement, j'ai à travailler... et pour vous, encore, — mais vous ne m'en empêcherez en aucune façon. —Vous prendrez la brochure de *Georgina*, vous étudierez votre rôle bien sagement, sans faire le moindre bruit, et, vers six heures, nous nous en irons dîner tous les deux comme une paire d'amis.

— Je ne veux pas... — Je vous ruinerais...

— Apprenez, chère petite folle, que chez Flicotteaux, ou chez le célèbre Martin, nous dînerons à la façon des princes du sang pour trois livres tournois... — Oh ! soyez sans crainte, je ne vous mènerai ni au Café anglais, ni aux Frères provençaux... — Les truffes et le château Laffitte brilleront par leur absence... — Nous les remplacerons par une gaîté communicative et des mots heureux !... — Acceptez vous ?

— Eh bien, oui.

Nous montâmes tous deux.

Les choses se passèrent ainsi que venait de les arranger Lorsay, et, jusqu'à l'heure du dîner, je travaillai le rôle dans lequel je devais me faire entendre le jour suivant.

Après le repas, — d'une incontestable frugalité, —le vaudevilliste m'embrassa sur le front, — me dit : — *A demain!* — et retourna chez lui pour travailler encore une partie de la nuit.

Rien au monde ne se pourrait imaginer de plus fraternel et de plus chaste que notre amitié.

Ce serait certes là un des bons souvenirs de ma vie, — le meilleur peut-être, — si je n'avais empoisonné ce souvenir par une petite infamie — involontaire, il est vrai, et que cependant je me reprocherai toujours, car elle eut de funestes et irréparables résultats.

Enfin, — vous qui lisez ces pages, — vous verrez, —vous jugerez, — vous me condamnerez sans doute, — mais vous ne le ferez certes pas plus sévèrement que je ne le fais moi-même.

Le lendemain, je retrouvai Lorsay au *raccord.*

Il me vit répéter, et il me déclara qu'il était enchanté de moi et qu'il me répondait du public et du directeur.

Ses prévisions se réalisèrent. — J'obtins, le soir, un très-grand succès, et, immédiatement après le spectacle, Tournemine me signa un engagement d'un an au appointements de quatre-vingts francs par mois, engagement résiliable à ma voloté, en le prévenant six semaines à l'avance.

Quatre-vingts francs ! — c'était la fortune !...

Un mois me fut payé d'avance. — Je nageais dans les transports d'une indicible allégresse.

Certes, en ce moment, je me serais jetée de bien grand cœur dans l'eau ou dans le feu pour Lorsay !...

Je quittai mon horrible bouge de la rue des Fossés-du-Temple, et je louai une petite chambre à l'hôtel Corneille.

Tous les étudiants du quartier croyaient et disaient que j'étais la maîtresse du vaudevilliste.

Il laissait dire, — il riait des jalousies que lui suscitait son prétendu bonheur, — et jamais, jamais, jamais, il ne m'embrassait autrement que sur le front.

Cette réserve m'étonnait souvent, il faut bien le dire, puisque ce sont mes confessions que j'écris... — Le cœur de la femme est si bizarre !..,

Qui sait si je n'éprouvais pas un peu d'irritation et de dépit en voyant cette chaste tendresse ne se point métamorphoser en un sentiment plus tendre?

Je dis : — *Qui sait?* — car moi-même je ne le savais pas, et je ne le sais pas même encore aujourd'hui.

Cependant Lorsay, après dix ou douze jours d'un travail acharné, avait achevé sa grande pièce, qui, reçue avec enthousiasme par le directeur, se répétait activement.

Le jour vint où la *Femme à la tête de mort* s'étala sur une affiche avec mon nom *en vedette*.

On fit deux RELACHES *pour cause de répétitions générales.* — Réclame ingénieuse dont on a tant abusé depuis, mais qui, dans ces temps naïfs, ne manquait jamais son effet sur le bon public en le prédisposant à voir des merveilles.

Les merveilles n'existaient souvent que dans les fallacieuses affiches et dans l'imagination des futurs spectateurs, — mais ces spectateurs s'étouffaient dans la salle, amenant la recette avec eux, — et c'était là le point capital.

Enfin arriva le grand soir de la première représentation.

De mémoire d'ouvreuse, jamais le théâtre Bobino n'avait contenu autant de monde...

On eût dit que les parois de la salle étaient douées d'une élasticité qui manquait absolument aux stalles rembourrées de velours rouge poudreux.

La pièce réussit admirablement. — *J'allai aux étoiles*, comme disent les Italiens, — et les familiers de la direction m'affirmèrent que j'étais en droit de revendiquer une large part dans ce grand succès.

Je ne demandais pas mieux que de les croire.

XXIII

UNE SIGNATURE

Le soir de la dixième ou de la douzième représentation, au moment où j'achevais de m'habiller pour le premier acte, on frappa vivement à la porte de ma loge.

— Qui est là? demandai-je.

— Moi, Lorsay.

— Une minute, mon bon, je t'en prie, je vais être prête.

— Non... — non, — non, — pas une minute, — tout de suite, — répliqua Lorsay. — J'ai quelque chose de très-pressé et de très-important à te dire...

On voit que le vaudevilliste et moi nous avions adopté déjà le tutoiement habituel entre les petits auteurs et les petits artistes, — habitude du plus mauvais goût, mais à peu près indéracinable, comme toutes les mauvaises habitudes.

La pruderie n'étant point mon fait, j'ouvris la porte, tout en continuant d'agrafer ma robe.

Lorsay se précipita dans la loge.

Il avait la figure bouleversée...

— Ah! — m'écriai-je, — que se passe-t-il donc? Ta mine me fait peur... — Est-ce que tu as une mauvaise nouvelle à m'apprendre?

— Une mauvaise nouvelle!! — ah! bien oui!! — jamais de la vie!! Je nage dans la joie...

— Enfin, qu'y a-t-il?

— Il y a que je te conseille de te surpasser ce soir...

— La salle est pleine?

— Naturellement... mais ce n'est point de cela qu'il s'agit pour le moment... — notre fortune à tous les deux est en bon train...

— Ah! bah!...

— Oui, ma chère! — Le directeur des Variétés est dans une loge! — Entends-tu? — Le directeur des Variétés!!

— Allons donc!!

— Je l'ai vu de mes propres yeux, et tu comprends aussi bien que moi qu'un si gros personnage ne se dérangerait point pour venir, — et dès le commencement du spectacle, — dans un trou comme Bobino, s'il n'avait entendu parler de toi d'une manière un peu distinguée...

Il me sembla que tous mes nerfs se détendaient à la fois, — mes jambes fléchirent sous moi, et je fus obligée de m'asseoir.

— Ah! mon cher, — balbutiai-je d'une voix brisée par l'émotion, — tu as eu bien grand tort de me dire cela...

— Pourquoi donc?

— Parce que je vais avoir peur... — une peur horrible... — et que je *raterai* mes effets...

— Laisse-moi donc tranquille!! — répliqua Eugène Lorsay en haussant les épaules, — c'est de l'enfantillage tout pur, cela!! — Est-ce qu'une artiste de ta valeur doit craindre quelque chose? — D'ailleurs, tu n'es pas une poupée de carton, toi, Tullia!! — tu as véritablement le feu sacré!! — je te garantis bien qu'une fois en scène, tu ne penseras plus qu'à ton rôle...

— C'est possible... mais ça n'empêche pas qu'au moment de mon entrée, je vais trembler comme si j'avais la fièvre.

Le garçon de théâtre passait en ce moment dans les couloirs, en agitant sa cloche et en répétant, de la voix monotone *qui n'appartient qu'à cette institution*, comme dit Bilboquet :

— Messieurs, mesdames, on commence...

J'étais prête.

Les paroles du vaudevilliste avaient ranimé mon énergie, — chancelante un instant.

Je jetai un dernier coup d'œil au miroir, qui me renvoya mon image avec un sourire, et je dis à Lorsay :

— Je me sauve... — Va dans la salle, et, après l'acte, viens me dire comment tu m'auras trouvée...

— C'est convenu... — Bon courage !!

Il me serra fiévreusement la main, — car malgré sa fanfaronnade, il était, lui aussi, très-ému, — et je quittai vivement ma loge pour arriver sur le théâtre avant le lever du rideau.

Dans l'entr'acte suivant, je trouvai Lorsay qui venait d'arriver et m'attendait entre deux portants.

— Amirable et complète !! — me dit-il avant d'attendre la question qu'il voyait sur mes lèvres. — Dix fois, vingt fois, cent fois mieux qu'à l'ordinaire !!

— Flatteur !!

— Non, je dis ce que je pense, je t'en donne ma parole !! Continue comme cela, et je réponds de tout.

— Et le directeur des Variétés ?

— Comme il ne me connaît pas, j'ai pu me placer

tout près de lui sans attirer son attention... — Tu comprends si j'étudiais sa physionomie!! — Il a l'air enchanté... — il a hoché deux ou trois fois la tête d'une façon satisfaite et significative... — il a deux fois essuyé le verre de sa jumelle pour te mieux voir... — Mais c'est à ta grande scène du troisième acte que je l'attends... — Il sera ravi, — enlevé, — transporté ! C'est moi qui te le prédis, et tu verras que je suis bon prophète...

— J'en accepte l'augure...

— Je retourne à mon poste...

— Mais tu reviendras ?

— Oui, dans l'autre entr'acte, pour te tenir au courant...

La pièce s'acheva.

Il paraît que le directeur était véritablement satisfait, car il resta jusqu'à la fin.

Lorsay m'affirma qu'à la scène en question, — la grande scène du troisième acte, — il avait donné quelques petits coups du bout de sa canne sur le plancher, en manière d'applaudissement.

Mais cela n'était-il pas trop beau pour être vraisemblable? Je me posai cette question avec inquiétude.

— Tu verras... tu verras... — me dit Lorsay, — un peu de patience, ma chère, rien qu'un peu... — nous touchons au but...

Le lendemain soir, — comme j'arrivais pour la représentation, — le concierge du théâtre me remit une lettre venue par la poste dans la journée, et qui n'avait rien de l'apparence des billets doux quotidiennement apportés pour moi par messieurs les étudiants.

J'emportai cette lettre dans ma loge, et je déchirai l'enveloppe grise avec un fort battement de cœur.

Instinctivement je devinais que cette feuille de papier pliée en quatre allait avoir une grande influence sur ma destinée.

En tête se lisaient ces mots, imprimés en relief : — *Théâtre des Variétés. — Cabinet du Directeur.*

La lettre ne contenait, d'ailleurs, que trois lignes.

Ces trois lignes me priaient de passer le surlendemain, à quatre heures, au théâtre, où le directeur m'attendait.

— Ah! — murmurai-je presque à voix haute, dans le transport de ma joie! — Lorsay avait raison... — Voici que non-seulement on ne me repousse plus, mais qu'on vient à moi... — J'ai du talent... — j'ai de l'avenir...

Tandis que je parlais ainsi toute seule, comme une vraie folle, le vaudevilliste entra dans ma loge.

— Tiens... — lui dis-je en lui présentant la lettre avec un geste de triomphe, — lis !!

— Je t'avais prévenue, ma chère, — répondit-il en

me serrant les deux mains. — Voici que ton affaire est faite, et que la mienne est en bon train... — Je vais commencer dès cette nuit ta pièce de début pour les Variétés... — Dans deux ans tu seras la reine des théâtres de Paris, et je serai, moi, au premier rang parmi les auteurs...

— C'est pourtant à toi, à toi seul, que je devrai ma position, mon bon Lorsay !! — m'écriai-je.

— Ne parlons pas de cela ! — C'est par toi que j'aurai mon premier succès sur un grand théâtre. — Tu vois que nous serons quittes, ou plutôt que si l'un de nous reste l'obligé de l'autre, ce sera moi...

Le surlendemain arriva.

Mon rendez-vous, — je l'ai dit, — était pour quatre heures.

Le vaudevilliste m'offrit de me conduire en voiture jusqu'au passage des Panoramas, ce que j'acceptai.

— Ma chère Tullia, — me dit-il en route, — souviens-toi bien de ceci : — ton avenir dépend en grande partie de ce qui va se passer aujourd'hui... — Cinq minutes d'aplomb vont te poser vis-à-vis du directeur des Variétés mieux que ne le feraient cinq ans de succès... — Ce n'est pas en débutante timide qu'il faut te présenter, — c'est en comédienne de talent, sûre d'elle-même et qui sait ce qu'elle vaut. — Traite le théâtre en ville conquise... — Aie des impertinences et des exigences... — Fais tes conditions, — n'en subis aucune. — Plus tu seras insupportable, plus tu seras appréciée...

— Tout cela est bel et bon, mon cher Lorsay, — répliquai-je, — mais, si je suis tes conseils à la lettre, j'ai grand'peur...

— Peur de quoi?

— De ceci : — le directeur ne se dira-t-il pas : — Qu'est-ce que c'est donc que cette petite actrice de Bobino, inconnue hier, et qui prend aujourd'hui des grands airs, et des façons de triomphatrice?.. Mettons-la bien vite à la porte, elle et son prétendu mérite...

— Rassure-toi, ma chère enfant, le directeur ne dira pas cela...

— En es-tu bien sûr?

— Oh! parfaitement sûr... — il est infatué de ses lumières et de son jugement, comme le sont presque tous les directeurs, — d'accord, mais cependant il se connaît en artistes, et tiens pour certain que s'il n'avait pas découvert en toi la première, et peut-être la seule *forte jeune première* de Paris, nous ne serions pas en ce moment en train de rouler vers son cabinet... — Or, tu comprends que quand un directeur rencontre un trésor, il le prend, d'abord pour l'avoir, et ensuite pour que ses confrères ne l'aient pas.

— Ainsi, tu réponds de tout?

— Oui, de tout. — Il est bien entendu, cependant,

que tu ne devras point pousser la raideur jusqu'à laisser rompre les négociations... — A un moment donné, rends la main... — Ainsi, tu auras demandé six mille francs d'appointements, et tu signeras, si cela est nécessaire, pour trois mille... — Surtout ne conclus pas pour plus d'un an... — Il est fort possible que dans un an le Gymnase ou le Vaudeville t'offrent douze mille francs...

— Quel beau rêve !

— Bah ! tu me traitais déjà de rêveur, quand je t'annonçais un engagement prochain dans un grand théâtre... — Tu vois cependant que j'avais raison... — mais tu doutes toujours...

— Oh ! je ne demande pas mieux que de te croire...

— Et tu fais bien... — Quant à la question qui m'est personnelle, — celle du début dans une pièce de moi, — je n'ai pas même besoin de te recommander de ne pas l'oublier...

— Ah ! sois tranquille, — m'écriai-je, — sans cette clause, pas d'engagement...

La voiture s'arrêta.

Nous étions dans la rue Montmartre, à l'une des entrées du passage des Panoramas.

Lorsay me conduisit jusqu'à la porte des artistes qui se trouve, comme on sait, dans la galerie des Variétés.

Il ne pouvait m'accompagner plus loin. — J'entrai

seule, et, après avoir montré au concierge du théâtre la lettre qui m'assignait un rendez-vous, je fus conduite à l'instant même dans le cabinet du directeur.

Ce directeur était un homme froid et poli, — genre anglais; — il dérouta toutes mes prévisions.

Il me reçut à merveille et ne parut en aucune façon disposé à *jouer au fin* avec moi.

Il me complimenta sur mon talent, — me dit qu'il croyait à mon avenir dramatique, et qu'il s'estimerait heureux de me compter parmi les pensionnaires de son administration.

Il ne me marchanda point. — Il me proposa, du premier mot, un engagement d'un an avec mille écus d'appointements, en ajoutant que l'année suivante ma valeur aurait doublé.

En face de cette façon franche et nette de traiter les affaires, il me parut impossible de suivre les conseils de Lorsay et d'exiger plus qu'on ne m'offrait.

Si l'on avait voulu me rapetisser, je me serais grandie, — mais on reconnaissait mon mérite sans restriction; pouvais-je grimper sur des échasses et m'efforcer de m'élever plus encore?

Il me sembla que je ne le devais pas.

Ce qui m'était proposé dépassait mes espérances.

J'acceptai.

— Alors, mademoiselle, — me dit le directeur, —

nous n'avons plus qu'à signer, puisque nous voici d'accord sur tous les points.

— Pardon, monsieur, — il y en a un dont je ne vous ai pas encore parlé.

— Lequel?

— Celui qui touche à ma pièce de débuts.

— Oh! soyez parfaitement tranquille... — Je vous ferai faire un rôle *sur mesure* par mes auteurs les plus à la mode, et vous serez contente, je vous le garantis...

— C'est que, monsieur, je tiendrais essentiellement à ce que cette pièce fût d'un auteur que je vous désignerai...

— Quel auteur?

— Eugène Lorsay.

Le directeur, en entendant ce nom, prit un air de profond étonnement.

— Eugène Lorsay? — répéta-t-il, — qu'est-ce que c'est que ça?

Je me sentis rougir jusqu'au blanc des yeux, et je répondis avec embarras :

— C'est un vaudevilliste...

— Naturellement, puisque vous prétendez qu'il vous confectionne un vaudeville... —Mais où a-t-il fait jouer des pièces, ce monsieur?

— Au théâtre du Panthéon et à celui du Luxembourg... — répliquai-je.

Le directeur se mit à rire.

— Il paraît que vous le protégez fort!! — dit-il ensuite.

— Il n'a pas besoin de ma protection, monsieur, ni de celle de personne... — il a du talent...

— En êtes-vous bien sûre, mademoiselle ?

— Oui, monsieur... — La pièce dans laquelle vous m'avez vue est de lui...

— La *Femme à la tête de mort* ?

Je fis un signe affirmatif.

— Mais c'est un fort exécrable vaudeville, ma chère enfant ! — s'écria le directeur, — cela n'a pas le sens commun !

— Oh ! monsieur ! — m'écriai-je scandalisée.

— Vous trouvez la pièce bonne, et je le comprends... vous avez vos raisons puisque vous y faites un grand effet... — mais je ne puis être du même avis que vous sur le mérite de l'auteur. — Ce monsieur, dont j'oublie le nom, est parfaitement inconnu, et ne sait d'ailleurs pas le premier mot du métier de vaudevilliste !!

— On l'applaudit, cependant...

— On l'applaudit au Luxembourg, — on le sifflerait aux Variétés ; — or, vous comprenez à merveille que j'ai de bien puissants motifs pour ne pas vouloir que votre pièce de débuts soit sifflée, ce qui nécessairement entraînerait votre chute... — Il nous faut un succès, et, avec le dessus du panier de mes fournisseurs habituels, j'ai la certitude que nous l'aurons... — Ne pensez plus à votre grand homme en herbe et signons...

— C'est impossible, monsieur... — articulai-je avec fermeté, quoique mon cœur battît à rompre ma poitrine.

— Impossible ! — répéta le directeur stupéfait.

— Absolument.

— Et pourquoi ?

— Parce que je suis tout à fait décidée à ne débuter que dans une pièce de M. Lorsay...

— Vous reviendrez là-dessus, j'espère.

— Non, monsieur.

— Mais c'est de la folie qu'un pareil entêtement !...

— C'est possible, mais, folie ou non, je ne changerai point d'avis...

— Vous voulez donc courir à une lourde chute ?

— Non, car je crois à une grande réussite...

— Et si je ne cède pas ?

— Eh bien, monsieur, il n'y aura rien de conclu entre nous ; — je le regretterai vivement, mais vous n'êtes pas le seul directeur de Paris, et je trouverai ma place ailleurs...

— C'est votre dernier mot?

— C'est mon dernier mot...

Le directeur parut réfléchir profondément pendant quelques minutes.

— Soit, mademoiselle, — dit-il ensuite, — je cède, puisque je ne puis faire autrement pour vous avoir, et que je tiens à vous, — mais nous nous repentirons bientôt tous les deux, vous de votre entêtement, moi de ma faiblesse...

— J'espère vous prouver le contraire...

— Enfin, qui vivra verra... — Envoyez-moi demain monsieur... monsieur... Comment dites-vous qu'il s'appelle?

— Eugène Lorsay.

— Eh bien, envoyez-moi monsieur Eugène Lorsay... — je m'entendrai avec lui... — Il doit avoir un sujet de pièce?

— Je le crois...

— C'est bon... — nous verrons cela... — qu'il vienne à deux heures... — Mon Dieu, si je découvre dans ce jeune homme un germe de talent, je ne demande pas mieux que de le pousser, moi... — En ma qualité de directeur, qu'est-ce que je souhaite?... — beaucoup d'auteurs et de bons auteurs... — Vous n oublierez pas de le prévenir?

— Non, monsieur... — à deux heures il sera ici...

— Maintenant, rien ne vous empêche de signer, je pense?

— Je suis toute prête, mais vous mettrez la clause de la pièce de début dans l'engagement.

— Oh ! pour cela, non, par exemple !... — ce serait un beaucoup trop détestable précédent à établir dans mon administration !!! — Tout se sait, — cela se saurait, et chaque fois qu'il s'agirait d'engager un artiste de quelque mérite, cet artiste formulerait des exigences de ce genre, exigences que je veux bien tolérer une fois, par exception, mais qui m'obligeraient à fermer mon théâtre si elles devaient se renouveler souvent.

— Mais, monsieur, — demandai-je, — quelle garantie aurai-je donc que ce que je désire sera fait?

Le directeur prit une attitude raide et une physionomie presque blessée.

—Comment, mademoiselle, — s'écria-t-il, — quelle garantie ! — comptez-vous donc pour rien ma parole ?...

la parole d'un homme d'honneur… d'un homme qui n'a jamais manqué à un engagement!… — Sachez ceci, mademoiselle, c'est que ma parole est aussi bonne que ma signature!…

— Je n'en doute pas un instant, monsieur, mais…

— Pas un mot de plus! — interrompit le directeur. — Si, après ce que je viens de vous dire, vous ne vous sentez pas remplie de sécurité et de confiance, restons-en là… regardez mes propositions comme non avenues, — séparons-nous et cherchez un autre théâtre. — Je ne saurais admettre qu'on suppose, lorsque j'ai promis, qu'il y avait une arrière-pensée derrière ma promesse.

En présence de cette vertueuse indignation, si nettement et si carrément exprimée, que faire?

Comment douter de la loyauté de l'homme qui parlait ainsi?

Il fallait signer ou rompre.

Rompre, c'était briser violemment cet avenir qui me paraissait si beau; c'était me rejeter plus que jamais, et peut-être pour toujours, dans les bas-fonds ténébreux des petits théâtres.

Je ne me sentis pas le courage de prendre ce dernier parti, — je ne me sentis pas la force de renoncer à tous mes rêves…

D'ailleurs, pourquoi refuser de croire à la bonne foi du directeur sans avoir aucune raison pour la suspecter ?

Je signai.

XXIV

ILLUSIONS PERDUES.

Certes, la position que je venais de conquérir était inespérée;—il y avait loin de la saltimbanque aux gages d'Ursule Piédefer, — de la misérable chanteuse des rues, à l'actrice d'un théâtre important, touchant trois mille francs d'appointements et imposant des conditions à un directeur...

Désormais j'avais le droit de croire à l'avenir et à mon étoile.

Et cependant, quand je sortis des Variétés, au lieu

d'être triomphante j'étais triste ; — il y avait dans ma conscience quelque chose qui ressemblait au remords d'une mauvaise action ; — j'éprouvais un sentiment d'involontaire et impuissant regret ; — j'aurais voulu pouvoir revenir sur ce qui venait de se décider ..

En franchissant le seuil de l'hôtel Corneille je me sentais excessivement troublée, et plus émue que je ne saurais le dire.

J'allai droit à la chambre de Lorsay.

Sa première parole, en me voyant, fut naturellement une interrogation.

— Tout s'est-il bien passé ? — me demanda-t-il.

Je répondis, mais non sans un immense embarras :

— Mieux que bien.

— Tu es engagée ?

— Oui.

— Pour combien de temps ?

— Pour un an.

— Aux appointement de...?

— Mille écus.

— Bravo! ! — Y a-t-il eu beaucoup de *tirage?*

— Fort peu.

— Bah ! le directeur a consenti du premier mot ?

— C'est-à-dire que, moi, j'ai accepté ce qu'il m'offrait...

— Tu as accepté comme cela, d'emblée, sans discuter le chiffre, sans demander plus ? — s'écria Lorsay, en levant ses deux mains vers le plafond.

— Mon Dieu, oui.

— Petite sotte !

— J'ai donc eu tort ?...

— Si tu as eu tort ? — Ah ! pardieu, je le crois bien !! — La question est naïve !! — Puisqu'on te proposait mille écus du premier mot, on t'aurait donné six mille francs. — Enfin, ce qui est fait est fait ; — une autre année tu seras moins facile... — Parlons maintenant de ta pièce de début... — Qu'a dit le directeur ?

— Il t'attend demain, à deux heures, pour convenir de tout avec toi...

— Bon. — A-t-il fait beaucoup de difficultés pour mettre la clause dans l'engagement ?

Je ne sais pas mentir. — Est-ce une qualité ou un défaut ?... — Je rassemblai tout mon courage, et je répondis :

— La clause ne s'y trouve pas...

Lorsay tressaillit.

— Ah ! — fit-il en me regardant fixement, tandis que l'expression de son visage, soudainement pâli, devenait sombre.

— Ah ! — répéta-t-il.

Puis il ajouta, sans amertume, mais avec une profonde tristesse :

— Tullia... Tullia... je n'aurais pas cru cela de toi !...

— Mais qu'ai-je donc fait ? — balbutiai-je.

— Tu ne le sais pas ? — demanda Lorsay avec son même regard fixe, sous le poids duquel je me sentais devenir écarlate.

Je répondis, — toujours avec le même embarras :

— C'est toi qui ne sais pas. — Écoute, je vais te dire tout ce qui s'est passé...

Et j'entamai le récit de mon entretien avec le directeur des Variétés, — de ma longue discussion au sujet de la pièce de début, et enfin du résultat de cette discussion.

Lorsay m'écouta, d'un bout à l'autre, avec une religieuse attention.

Quand j'eus terminé, il secoua la tête à plusieurs reprises.

— Est-ce que tu ne me crois pas ? — demandai-je.

— Ce n'est point à toi que je ne crois pas, ma chère...

— A quoi donc ?

— A la parole du directeur...

— Pourquoi douter de lui ? — il m'a paru agir avec la meilleure foi du monde...

Lorsay haussa les épaules.

— Tu ne connais pas ces gens-là !! — dit-il ensuite, — Tout en eux n'est que ruses et roueries... — il s'est moqué de toi !! — Ne comprends-tu pas que s'il avait voulu tenir la parole qu'il te donnait, il aurait signé ? — Allons, ma pauvre Tullia, le sort en est jeté ! — Tu as de la chance et je n'en ai pas... — tu nages et je me noie ! — Tout est dit ! — Il ne me reste plus qu'à te souhaiter un beau rôle, fait exprès pour toi par quelqu'un de nos auteurs en renom, et je tâcherai d'avoir le courage d'aller t'applaudir le soir de la première représentation...

Lorsay disait tout cela avec un calme héroïque, sous lequel on devinait une immense et poignante douleur.

Je me mis à sangloter ; — mes larmes coulaient sur mes joues comme une pluie d'orage.

— Pourquoi pleures-tu ? — fit le jeune homme brusquement.

— Parce que ça me désole de voir que tu te fais ainsi du chagrin sans motif...

— Ah ! tu trouves que c'est sans motif ?

— Oui, certes, puisque tout est convenu, et que c'est dans ta pièce que je débuterai.

— Naïve enfant ! — murmura le vaudevilliste.

— Voyons, — m'écriai-je, — me crois-tu, moi? — Eh, bien! je te donne ma parole, — tu entends, ma parole d'honneur, — que ta pièce servira pour mes débuts, ou que je romprai mon engagement!!

— Tu le crois, — répliqua Lorsay, — mais tu te fais illusion à toi-même... — tu ne débuteras pas dans ma pièce et tu ne rompras point ton engagement.

— Ah! c'est trop fort! — dis-je impatientée et irritée de cette persistance, — pense ce que tu voudras, puisque rien au monde ne peut te convaincre... — je m'en vais...

Et, en effet, j'allai m'enfermer dans ma chambre, où je passai le reste de la journée à pleurer.

Le lendemain, j'eus à soutenir contre Lorsay une nouvelle lutte.

Il ne voulait pas même se rendre au rendez-vous indiqué par le directeur des Variétés.

Il disait que ce n'était pas la peine, et qu'il lui semblait parfaitement inutile d'aller servir de plastron à un homme qui se moquerait de lui et de son absurde crédulité.

Enfin, à force de supplications, je décidai Lorsay à tenter du moins la fortune.

Il finit par céder, et il revint au bout de deux heures, infiniment moins découragé qu'au moment de son départ.

Le directeur lui avait paru complétement disposé à exécuter l'engagement verbal pris avec moi, et, en outre, il avait approuvé sans réserve le scenario que le vaudevilliste lui soumettait.

— Allons, me dit Lorsay, c'est peut-être toi qui auras eu raison, après tout... — Tant mieux pour moi, mais, si cela est, je déclare ne plus rien comprendre à l'esprit des directeurs!!

Et il se mit à travailler avec ardeur, — avec acharnement, avec rage.

La pièce qu'il composait était un vaudeville en trois actes, intitulé : *l'Heure du Berger.*

À mesure qu'il complétait une scène, il venait me la lire, et je lui affirmais, dans toute la sincérité de mon âme, que jamais plus complet chef-d'œuvre n'était sorti d'une cervelle humaine.

Aujourd'hui encore, d'ailleurs, — après tant d'années écoulées, — j'ai conservé la plus grande partie de mon opinion de ce temps-là. — Peut-être la pièce n'était-elle point très-habilement charpentée, mais elle abondait, à coup sûr, en gracieux détails d'une jeunesse et d'une fraîcheur merveilleuses.

L'œuvre achevée, il fallut la lire au directeur, — juge plus sévère sinon plus intéressé que moi.

Il se déclara satisfait.

Le découragement de Lorsay avait fait place à une

espérance exaltée, — il voyait tout à travers un prisme couleur de rose, — et, de même que je m'étais épouvantée de sa tristesse, je m'effrayais de cette ivresse sans bornes que la moindre déception pouvait si péniblement interrompre.

J'ai dit que je devais prévenir le directeur de Bobino de la résiliation de mon engagement six semaines avant le jour où je voudrais quitter son théâtre.

Pendant ces six semaines, il me fallait jouer chaque soir au Luxembourg, — mais rien ne m'empêchait de répéter ailleurs.

Un beau matin, Lorsay et moi nous reçûmes en même temps le bulletin qui nous convoquait pour la lecture aux artistes de l'*Heure du Berger*.

Le vaudevilliste s'élança de chez lui dans ma chambre, tenant son bulletin à la main, — riant et sautant comme un enfant.

Pour la première fois depuis que nous nous connaissions, il me prit dans ses bras, — mais avec une complète innocence, — pour me faire exécuter autour de sa chambre un galop effréné qu'il n'interrompit que lorsque ses jambes fatiguées ployèrent sous lui, et lorsque sa respiration haletante le força de s'arrêter.

— Eh bien ! ma chère, — dit-il aussitôt qu'il lui fut possible de parler, — je crois que, cette fois-ci, il n'y a plus à y revenir!! — Nous avons nos bulletins !! C'est comme si tous les notaires de France et de Navarre y avaient passé !!

— Qu'est-ce que je disais ? — répliquai-je, — et cependant tu ne voulais pas me croire...

— Tu avais raison, chère petite... — Mais ce n'est pas ma faute... — je ne pouvais ajouter foi à tant de bonheur...

— Il s'agit maintenant de te distinguer dans la lecture...

— Oh! sois tranquille... je ferai honneur à ta pièce et à ton rôle !...

La lecture était indiquée pour une heure et demie.

Nous partîmes dans la même voiture, mais Lorsay me laissa entrer la première au théâtre afin que nous n'eussions point l'air d'arriver ensemble, ce qui aurait fourni matière à des commentaires déplaisants.

Quand j'entrai au foyer, les acteurs et les actrices faisant partie de la *distribution* étaient déjà rassemblés.

Les femmes me toisèrent du haut en bas, — me trouvèrent jolie, — beaucoup trop jolie! — et, pour se venger de ce tort si involontaire de ma part, elles se réunirent en un petit groupe hérissé de sarcasmes, et se mirent à déchirer à belles dents la simplicité presque pauvre de ma toilette.

Les hommes causaient entre eux et parlaient de la lecture qui allait avoir lieu.

— Sait-on de qui est la pièce? — demanda l'un d'eux.

— Auteur inconnu... — répondit un autre.

— Il arrive en ligne directe du théâtre de Bobino... dit un troisième.

— Cela promet!..

— Et cela tiendra!.. — il paraît que la pièce est exécrable...

— Comment le sait-on?

— Le régisseur général, — qui le tenait du directeur lui-même, — le disait hier soir au foyer...

— Alors, pourquoi monter cette machine?...

— La direction a eu la main forcée...

— Par qui?

— Je n'en sais rien, mais c'est un bruit qui court...

— Dans tous les cas, nous n'en sommes pas encore au jour de la première...—D'ici là, il passera de l'eau sous les ponts...

— Je souhaiterais avoir autant de mille livres de rentes, que j'ai vu de pièces lues qui n'étaient jamais jouées...

— Oui, seulement c'est fort ennuyeux de perdre son temps en *collations* et en répétitions qui n'aboutissent pas...

— Sans doute, mais cela vaut mieux encore que d'arriver à un *four* monstre...

Cette décourageante conversation fut interrompue par l'arrivée de Lorsay.

— Chut! — dit un des artistes, — voilà l'auteur...

Le silence se rétablit aussitôt, — chacun prit place, et la lecture commença.

Cette lecture fut glaciale.

J'épiais sur tous les visages l'impression produite par les situations les plus heureuses, — par les plus jolis mots, — les visages restaient allongés et mornes et n'exprimaient rien, si ce n'est une inattention ennuyée!

Ces symptômes significatifs d'un insuccès complet n'échappaient point au pauvre Lorsay.

A chaque instant, il essuyait la sueur qui coulait en grosses gouttes sur son front, — il se troublait de plus en plus, à mesure qu'il avançait, et il lisait horriblement mal.

Enfin, il arriva au dernier mot de la dernière scène.

Il se leva, salua ses auditeurs et sortit, — laissant sur la table le manuscrit et les rôles.

— Ouf! — s'écria quelqu'un aussitôt que la porte du foyer se fut refermée, — trois actes de *pâte ferme*, concurrence à la galette du Gymnase!! — c'est mauvais pour l'estomac, savez-vous!!

Cette plaisanterie eut un prodigieux succès.

Chacun prit son rôle, et l'on se sépara en disant :

— Voilà une pièce qui n'arrivera pas devant la rampe!!

XXV

OU L'ÉTOILE SE LÈVE

Lorsay m'attendait à l'entrée du passage des Panoramas. — Il me présenta son bras sans prononcer une parole et me conduisit jusqu'à ma voiture, où il prit place auprès de moi.

— Eh bien, — fit-il ensuite d'une voix triste, dans laquelle, en argot de théâtre, *il y avait des larmes*, — qu'en dis-tu ?

Je pris sur moi le plus que je pus, et je répondis, d'un air que je m'efforçai de rendre gai :

— Je dis que j'ai bon espoir...

Lorsay me regarda avec un étonnement manifeste, et reprit :

— Pourquoi mentir ?

— Mais je ne mens pas...

— Allons donc ! — Tu le sais aussi bien que moi, je suis, à l'heure qu'il est, la fable et la risée du théâtre ! !
— Tu les as vus pendant que je lisais, ces cabotins ineptes ! ! — La leçon leur avait été faite à tous par le directeur, et ils ont bien joué leur rôle ! !

Au fond, je sentais que Lorsay avait raison... — Je comprenais que le directeur, en répandant et en faisant répandre à l'avance parmi les artistes des préventions défavorables à la pièce, était l'unique cause de l'injuste insuccès de la lecture.

Ce mauvais vouloir, sournois et dissimulé, ne présageait rien de bon pour l'avenir...

Cependant, et afin de calmer de mon mieux le pauvre Lorsay, je dis :

— Heureusement que le public, lui, est un juge qu'on n'influence pas ! ! — Que t'importe un échec à la lecture, pourvu que tu aies un triomphe à la représentation ?...

Lorsay se mit à rire, — d'un rire qui faisait mal à entendre.

Puis il répliqua :

— Tu parles du public, ma chère ! ! — tu parles de

la représentation !! N'as-tu donc pas encore compris que ma pièce ne sera jamais jouée ?

— Jamais jouée ? — m'écriai-je. — Tu es fou ! !

— Avant quinze jours, tu verras si j'ai raison...

— Et mes débuts ?

— Pardieu, tes débuts !! tes débuts n'ont rien à voir là-dedans !! — Tu débuteras dans autre chose, et tout sera dit !!

— Tu sais le contraire... tu sais que je romprai plutôt.

Lorsay ne répondit rien.

Huit jours se passèrent, — huit jours de répétitions, — huit jours de véritables tortures pour le vaudevilliste.

C'était à qui, au théâtre, le traiterait avec un dédain presque insultant. — C'était à qui affecterait de regarder sa pièce comme une de ces œuvres sans nom qui sont au-dessous de toute critique et ne méritent que la raillerie et le sarcasme.

— Nous voici déjà dans le répertoire de Bobino, — disaient les acteurs presque à voix haute dans la coulisse, — l'an prochain nous prierons le directeur du Petit-Lazary de nous engager...

Lorsay entendait tout et ne répondait jamais un mot.

Parfois je voyais ses lèvres pâlir, quand son émotion

23.

et sa colère devenaient trop violentes, mais il trouvait toujours en lui la force nécessaire pour se vaincre avant d'éclater.

Un matin, les bulletins de répétition n'arrivèrent point, et, à leur place, on apporta deux lettres de l'administration, l'une pour Lorsay, l'autre pour moi.

Le directeur des Variétés m'attendait à une heure dans son cabinet. — Lorsay, — lui, devait s'y rendre à trois heures.

Je fus exacte au rendez-vous.

— Mademoiselle Tullia, — me dit le directeur, — nous avons à causer sérieusement, et j'espère vous trouver raisonnable...

Après une pause de quelques secondes, il poursuivit

— J'ai pris, vis-à-vis de vous, un engagement que j'étais parfaitement décidé à tenir. — Vous avez voulu débuter dans une pièce de M. Lorsay, j'y ai consenti, — à mon corps défendant, il est vrai, — mais enfin il fallait que l'exécution de cet engagement fût possible, et il m'est prouvé aujourd'hui qu'elle ne l'est pas...

— Que voulez-vous dire, monsieur ?

— Je veux dire, mademoiselle, que la pièce de monsieur Lorsay est injouable, — que tous mes artistes me rapportent leurs rôles, — que je ne puis compromettre la position de mon théâtre, en l'assimilant aux tréteaux des scènes inférieures ; — je veux dire enfin que je vais indemniser M. Lorsay, lui rendre ses trois actes, qu'il portera aux Funambules s'il le juge convenable, et que, dès demain, vous entendrez la lecture de votre véritable pièce de débuts...

— Monsieur, — répondis-je avec fermeté, — je débuterai dans l'*Heure du berger*, ou je ne débuterai pas...

— Comment l'entendez-vous, mademoiselle ?

— J'entends que je demande la rupture de mon engagement...

— Je tiens à vous conserver, et je refuse...

— Vous oubliez que c'est mon droit que je réclame !...

— Je n'oublie absolument rien...—Vous êtes ma pensionnaire pour un an, — je vous ai, — je vous garde, — et je ne vous lâcherai pas...

— Mais, monsieur, il est convenu...

Le directeur m'interrompit :

— Relisez votre engagement, mademoiselle, — il est clair et précis, et ne peut donner matière à nulle discussion...

— Vous savez qu'il y a une clause, exigée par moi, consentie par vous, et qui ne s'y trouve pas...

— Puisqu'elle ne s'y trouve pas, elle ne peut m'obliger...

— Et votre parole !! — m'écriai-je.

— Ma parole, mademoiselle, ne me force point à faire l'impossible...

— Eh ! bien, monsieur, je vous déclare que je ne jouerai pas...

— Je vous y forcerai, mademoiselle...

— Comment cela ?

— En vous envoyant, — quoique bien à regret, — du bon papier timbré, — et obtenant un jugement qui vous condamne à accepter tous les rôles que je voudrai vous confier, ou à me payer vingt mille francs de dommages-intérêts...

— Vingt mille francs !!

— Mon Dieu, oui... — c'est le chiffre de votre dédit...

— Après tout, que m'importe ? — je n'ai pas un sou pour vous payer... votre jugement ne vous servira point à grand'chose...

— Il me servira à faire main-basse sur vos appointements, si vous trouvez à vous faire engager ailleurs... — il me servira à vous mettre dans la nécessité de renoncer à votre état de comédienne, ou de remplir les clauses de l'engagement qui vous lie à moi... — Réfléchissez, mademoiselle... — Consultez, si bon vous semble, un homme d'affaires... — il vous dira que je n'avance en ce moment que la vérité... — Demain matin vous recevrez un bulletin de lecture : — votre présence ou votre absence m'indiqueront la marche que je dois suivre et le parti que je dois prendre... — A demain, mademoiselle...

Le directeur avait raison. — Il manquait impudemment à sa parole, mais il était absolument dans son droit.

Il me fallait briser mon avenir, et mourir peut-être de faim, — ou déserter la cause de Lorsay, ce protecteur si généreux, si désintéressé, qui avait tout fait pour moi...

Cette position était odieuse, et elle était sans issue !!

Lorsay devait être au théâtre à trois heures. — Je ne voulus rentrer chez moi qu'après son départ, — il m'aurait questionnée, et que lui répondre ?...

Vers cinq heures, le vaudevilliste entra dans ma chambre.

Son visage pâle et défait lui donnait l'aspect d'un homme qui relève d'une longue maladie.

Il tenait à la main un rouleau de papier.

— Mon enfant, — me dit-il, — tu dois bien avoir chez toi une allumette ou deux... — Veux-tu me les donner ?

Je fis ce qu'il demandait.

Il jeta dans la cheminée le rouleau de papier, et il y mit le feu.

— Qu'est-ce que cela? — m'écriai-je.

— Cela! — me répondit-il avec un sourire navrant, — ce n'est rien... — c'est le manuscrit de l'*Heure du berger*...

Je voulus m'élancer pour arracher ce manuscrit à la flamme qui le dévorait.

Lorsay me retint.

— Laisse brûler, — dit-il, — laisse!!... — Laisse-la s'en aller en fumée, cette pauvre pièce, faite avec tant d'amour et avec tant d'espoir... — En même temps que cette fumée, mes illusions s'envolent... — C'est fini... bien fini... je ne suis rien... et jamais, non, jamais, je ne serai rien... — J'avais cru, cependant... mais, non... je me trompais...

Et je vis des larmes furtives rouler sur les joues pâles du jeune homme et se perdre dans sa barbe brune.

— Ecoute, Tullia, — reprit-il au bout d'un instant, — je sais ce qui s'est passé entre le directeur et toi... — Je te remercie du fond du cœur de m'avoir soutenu de ton mieux jusqu'au bout, mais je ne veux pas que tu te sacrifies inutilement pour moi... — Je suis un pauvre diable sans réputation, et peut-être sans talent... — tu seras une grande comédienne... — n'enchaîne pas ta destinée à la mienne!! — J'ai cru que nous aurions des succès ensemble... — tu les auras sans moi... — ils me causeront presque autant de joie que si j'en avais ma part...

. . . .

Le lendemain, j'assistais à la lecture d'une comédie-vaudeville qui est le chef-d'œuvre de l'un des maîtres du genre.

Un mois après, la salle des Variétés croulait sous les bravos, — comme disent les feuilletons de théâtre, — et la débutante Tullia obtenait un succès qui la classait, d'emblée, parmi les actrices en vogue de Paris.

Pendant cette représentation, Lorsay était à l'orchestre, dans une stalle payée par lui. — je n'avais pas osé lui offrir une place...

Le pauvre garçon m'applaudissait !..

Je n'ai jamais rien vu de plus héroïque.

Le lendemain, je quittai l'hôtel Corneille, et je pris un petit logement dans les environs de mon théâtre.

Lorsay, lui aussi, abandonna le quartier Latin et s'en alla demeurer au boulevard du Temple.

Là il vécut de l'existence abrutissante des auteurs du dernier ordre, — fréquentant le café du Cirque et s'enivrant d'absinthe.

De temps en temps, il faisait représenter un vaudeville au théâtre Saint-Antoine, — qui est devenu Beaumarchais depuis, — ou à celui des Délassements comiques, — aujourd'hui disparu depuis longtemps; — et il vivait, tant bien que mal, du maigre produit de ces pièces.

Cela dura quelques années.

Un jour j'appris que Lorsay venait de mourir... — il n'avait pas encore trente ans!..

L'absinthe, — ce poison, — et surtout le découragement, — ce poison plus terrible encore, — l'avaient tué!..

Pauvre Lorsay!..

Si pourtant j'avais tenu bon, — si j'avais exigé avec persistance que la clause qui le concernait fût écrite dans mon engagement, — au lieu de m'en rapporter à la parole d'un homme dont l'habitude était de promettre pour ne pas tenir, — Lorsay serait aujourd'hui vivant, et peut-être célèbre!..

Je ne me pardonnerai jamais sa mort !

§

La tâche que j'avais entreprise touche à son terme. — Je viens de mettre sous les yeux de mes lecteurs, — avec une franchise absolue, — ce qu'on peut appeler les *débuts d'une étoile*...

Depuis le jour de mon premier succès, mon existence,

on le devine, est devenue bien différente de ce qu'elle avait été jusqu'alors.

Comme les autres *étoiles*, mes rivales, j'ai fait deux parts de ma vie : — j'ai consacré l'une à mon art, j'ai donné l'autre aux entraînements de mon cœur, — mais j'ai laissé rarement les droits de l'amour empiéter sur ceux du théâtre.

J'ai souvent changé de scène, partout j'ai conduit le succès.

Il s'est fait autour de mon nom beaucoup de bruit et parfois de scandale...

Amours, — rivalités de toute nature, — luttes acharnées, triomphes éclatants, — c'est le sommaire de la seconde partie de ma vie, — c'est l'histoire d'*une grande comédienne*... — ce serait un récit étrange et curieux.

Je le ferai peut-être un jour.....

FIN

TABLE DES MATIÈRES

I.	Présentation de Tullia	1
II.	Petite fille de Catilina	11
III.	Un mélodrame	21
IV.	Zizi Dumoulin	25
V.	Le petit prodige	39
VI.	Le théâtre des jeunes élèves	47
VII.	L'italien	57
VIII.	L'ouvreuse de loges	65
IX.	Lutte	70
X.	Un exploit de Loriot	79
XI.	Sans contrat	88
XII.	Sur la grande route	98
XIII.	Premier engagement	114
XIV.	Le roman comique	122

XV.	Ursule Piédefer	130
XVI.	Flamme-de-Punch	144
XVII.	Amours impossibles	156
XVIII.	Où le masque tombe	165
XIX.	Coup de tonnerre	182
XX.	Un estaminet du quartier latin	192
XXI.	Eugène Lorsay	208
XXII.	Un engagement à Bobino	228
XXIII.	Une signature	238
XXIV.	Illusions perdues	255
XXV.	Où l'étoile se lève	267

FIN DE LA TABLE DES MATIÈRES.

Paris, — Imprimerie Walder, rue de l'Abbaye, 22.

COLLECTION A 3 FRANCS LE VOLUME
AVEC PRIMES

DERNIERS PARUS

PAUL DE KOCK	La Mariée de Fontenay-aux-Roses.	1 vol.
—	Friquette.	1 vol.
—	Un Jeune homme mystérieux.	1 vol.
XAVIER DE MONTÉPIN.	Le Mari de Marguerite.	1 vol.
—	La Comtesse de Nancey.	1 vol.
—	L'Amant d'Alice.	1 vol.
—	Les Confessions de Tullia. (Inédit.)	1 vol.
HENRY DE KOCK	Les Baisers maudits.	1 vol.
—	Le Démon de l'alcove.	1 vol.
—	Mademoiselle Croquemitaine.	1 vol.
ÉLIE BERTHET.	Le Séquestré.	1 vol.
—	Les Parisiennes a Nouméa.	1 vol.
Vte DE BEAUMONT-VASSY.	Le Fils de la Polonaise.	1 vol.
—	Le Prince Max a Paris.	1 vol.
CH. MONSELET.	Le Théatre du Figaro.	1 vol.
—	Le Plaisir et l'Amour.	1 vol.
—	Chanvallon Histoire d'un souffleur de la Com.-Française.	1 vol.
CH. JOLIET	Le Train des maris.	1 vol.
L. PICHON	L'Amant de la morte.	1 vol.
HONORÉ SCLAFER	La Chasse et le Paysan.	1 vol.
—	Le Paysan riche.	1 vol.
ANGELO DE SORR.	Le Drame des Carrières d'Amérique.	1 vol.
—	Le Fantôme de la rue de Venise.	1 vol.
—	Jeanne et sa suite.	1 vol.
—	Ranalalalulu CXXXIV.	1 vol.

SOUS PRESSE

PAUL DE KOCK	Les Intrigants. (Le dernier inédit.)	2 vol.
XAVIER DE MONTÉPIN.	Le Bigame.	2 vol.
ÉLIE BERTHET	Les Drames du cloitre.	1 vol.
CH. JOLIET	La Rose de Bérengère.	1 vol.
ANGELO DE SORR.	Les Nuits de Versailles. (Inédit.)	1 vol.
BÉNÉDICT-HENRY REVOIL.	La Saint-Hubert.	1 vol.
Vte DE BEAUMONT-VASSY.	Mémoires secrets du XIXe siècle. (Inéd.)	1 vol.
FIRMIN MAILLARD.	Les Derniers Bohèmes.	1 vol.

www.ingramcontent.com/pod-product-compliance
Lightning Source LLC
Chambersburg PA
CBHW070754170426
43200CB00007B/772